メロスはなぜ少女に赤面するのか

「テクスト分析」でつくる文学の授業

鈴木昌弘

三省堂

はじめに

なぜ勇者が緋のマントを捧げる少女に赤面するのか（「走れメロス」）、なぜ良平八歳の「トロッコ」体験に二十六歳の上京の場面が加わっているのか（「トロッコ」）、「僕」は大切にしていたチョウの収集を自己処罰と少年の日との決別のためにこなごなに潰した（「少年の日の思い出」）、「私」は新しい世代に将来の希望を「地上の道」という言葉に託した（「故郷」）。

これら定番教材に疑問をもったり、定説となっている解釈に違和感を感じたりしたことはないのだろうか。

この小著は、書店の国語教育のコーナーを賑わしているような読解のための様々な技法を紹介するのでもなく、実践の記録でもない。

小著は、これらの疑問や解釈の違和感の原因を解き明かし、代わって、物語の真の姿が立ち現れてくる「テクスト分析」という手法を紹介する。その他の定番教材を含めて十篇の教材の分析を紹介している。

「テクスト分析」という手法は、物語（テクスト）にある「表現しない」という表現で隠されたいくつかの「空白」を掘り起こし、それを「問」という形で顕在化して、「表現された」内容との整合性を図りつつ、それらを根拠にしながら真の主題あるいは隠された主題を探し当てる――というものである。ただそれだけであり、平たく言えば、物語の読みの勘所とそれにたどり着く道筋を示していると言える。そのために特別な技法や指導者しか知らない作者の伝記的事実についての知識を駆使している訳ではない。

だからこそ、この「テクスト分析」を学習者の実態に即してアレンジすれば、そのまま授業にすることができる。

この授業では、「問」によって学習者の知的好奇心が点火する。主題という一つの解を求めて、テクストの表現を根拠にして学習者が意見を出し合い、互いの意見を尊重しつつより高い次元の「解」を求めて「話し合い」活動となる。この過程が文学の読解と対極にあると誤解されている「論理的思考」である。

第一部「理論編」では、「テクスト分析」の基本的な考え方を紹介する。そしてなぜ読解活動が「話し合い」として成立するのか。従来の文学的文章（物語）の読解では「話し合い」活動が成立しない理由と併せて両方の違いを明らかにしたい。

第二部「実践編」では「テクスト分析」に基づいた中学校国語の「定番教材」の解釈を行っている。それぞれ「読み切り」となっているので、まずはおもしろそうなところから読んでいただきたい。

そして何よりも、あなたとあなたの生徒が「物語の授業がおもしろい」という経験をしていただきたい。それにこの小著がそれに少しでもお役に立つことを願っている。

二〇二〇年三月

鈴木昌弘

目次

装丁　臼井弘志（公和図書デザイン室）
本文イラスト　著者

「砂漠が美しいのは、どこかに井戸を隠しているからだよ……」と、王子さまが言いました。（『星の王子さま』より）

第1章

理論編

1 「テクスト分析」とは何か

「はじめに」で「テクスト分析」の定義を次のように書いた。

「テクスト分析」という手法は、物語（テクスト）にある「表現しない」という表現で隠されたいくつかの「空白」を掘り起こし、それを「問」という形で顕在化して、「表現された」内容との整合性を図りつつ、それらを根拠にしながら真の主題あるいは隠された主題を探し当てる――というものである。

この定義を見て、おそらく様々な疑問があることだと思うが、ここでは「テクスト分析」の中核をなす次の三つに絞って説明する。

（1）なぜ、あえて「作品」と言わずに「テクスト」と呼ぶのか。
（2）なぜ、「空白」を「表現しない」という表現と呼んでまで殊更重視するのか。
（3）なぜ、物語の読解に過ぎない「テクスト分析」が論理的と言えるのか。

「テクスト」という呼称

「テクスト」という呼称は、一九六〇年代にロラン・バルトの「テクスト論」に始まる。

「テクスト論」によれば、「作品」という呼称は「作者」を絶対的な存在として認めることを前提としたものである。つまり私たちは「作品」を解釈する時、その表現が「作者」の意識したものであるか無意識的なものであるかに関わらず、「作者」の意図を考慮しなければならない。その意図を探るために「作者」の伝記的事実などと照合する必要が生じることにもなる。それはもはや「作品」解釈ではなく、「作者」解釈である。そこでこのような「作者」と「作品」の強固な関係性から自由になるために「テクスト」と呼称を選んだのである。[*1]

「テクスト論」は国語教育にいまだ定着していないようだが、すでに常識となっており、この小著では「テクスト論」を採用する。それによって私たちは純粋にテクストに内在する表現相互の関係のみを分析の対象にすることができるようになるのである。ただし「テクスト論」は「作者」の関係性で読まれることを問題と考えるのであって、テクスト構成者としての「作者」の存在を否定するものではない。

「テクスト分析」という手法

「テクスト論」は「読者」を再定義する。

従来、読者とは、作者がテクストに埋め込んだものを受動的に受け取る者として捉えられていた。読者反応批評はこれを再定義し、テクストに活発に関わりテクストとの共同作業によって意味を生産する存在として、「読者」を捉え直した。

(一三四頁、廣野由美子『批評理論入門』中公新書一七九〇、二〇〇五年)

これまで「読者」――国語教室では「学習者」となるが――の役割は、「作者」が物語に込めたメッセージを探ることがその役割であった。それを忠実に受けることを目指し、それに成功した者のみがその「作品」の価値を享受できると考えられてきた。

「テクスト論」において、テクストの意味は「読者」とテクストとの共同作業によって生産される。したがって、読書されないテクストはただのインクの染みに過ぎないということになる。だからといって、「読者」は自分が思いついた好きなことをテクストの意味としてよいというわけではない。

ウェイン・ブースは、「含意された読者」(implied reader)、つまり作品によって作られた読者の存在を想定し、この役割を演じることによってのみ、読者は作品を真に理解できるものとした。／〈中略〉／このように、限定的な名称が与えられていることからも、読者の数だけ正しい解釈があるというような考え方が、否定されていることがうかがわれる。

（一三五頁、廣野、前提書）

「含意された読者」とは、このように作品（テクスト）によって選ばれる存在であり、テクストが読者を選ぶのであって、その逆ではない。テクストを真に理解する者のみが「読者」なのである。このような「読者」観、「含意された読者」という概念は、「読者反応批評」と分類される批評理論に基づいている。この理論だけが正しいということではない。いま手元にある『批評理論入門』では十三の批評理論が紹介されているが、「読者反応批評」もその一つの理論に過ぎない。その優劣を言えるほど批評理論を理解できているわけではない。

しかし、自信をもって言えるのは、国語教室は「読者」である学習者が「学ぶ」場である。「学ぶ」という行為が主体的な営みを表すとするなら「読者反応批評」ほどふさわしいものはない。

読解とは任意にテクストから切り取った表現を根拠にして感想を言わせることではない。国語教室において私たちがなすべきことは、学習者を「読者」すなわちブースの言う「含意された読者」に育てることにある。

表現しないという表現「空白」――「隠す」ということ

「テクスト分析」では「空白」を読む。「空白」とは何か。石原千秋によれば「隠す」ことである。

すぐれた作者は、最も大切な宝物をみすみす見えるところに置いたりはしない。隠すのだ。小説家は自分の言いたいことを書くために小説を書くのではない。自分のもっともいいたいことを隠すために書くのだ。もちろん、宝物が多く隠されている小説が古典の名に値する。（傍点、鈴木）

（八七頁、石原千秋『未来形の読書術』ちくまプリマー新書〇六二、二〇〇七年）

いわゆる「主題」を、石原は「最も大切な宝物」と表現する。すぐれた作者は、もっともいいたいことを隠すために書くと言っている。どのように隠すのか。それは「省略して書かない」「穴だけ掘ってある」という。

では、作者はどうやって宝物を埋め込むのだろうか。その一つの方法は、肝心の事柄を省略して書かないことである。宝物を埋め込むと言うよりも、穴だけ掘ってあると言うべきだろうか。読者は「ここには何が埋めてあるのだろう？」と、中を覗き込むことになるだろう。もっとも、不注意な読者は穴に気づかずに落ちる。いや、落ちるならまだいい方で、気づかずに通り過ぎてしまう。

批評理論では、この、最も大切な宝物を隠す穴を「空白」あるいは「空隙」という。「はじめに」の冒頭にあげた疑問や違和感が、実は「空白」にあたるのである。

これらの「空白」を読み解くことを、テクストが「読者」に求めているのである。

例えば、小著のタイトルにもなっている「走れメロス」の最後の場面では「メロスが緋のマントを捧げる少女に赤面する」。少女が緋のマントを捧げる理由はセリヌンティウスによって語られる。しかし、それまで一度も登場しなかった少女が最後になって現れるのかについては言及されない。だからからこそ「空白」なのではあるのだが、それゆえに「不注意な読者は穴に気づかずに落ちる。いや、落ちるならまだいい方で、気づかずに通り過ぎてしまう」ことに私たちの学習者のほとんどがなってしまう。

気づかずに通り過ぎてしまわないように「テクスト分析」では、「空白」を「問」に替え顕在化するのである。「問」という形に可視化したといってもよい。

真の主題あるいは隠された主題に至る過程

「宝物が多く隠されている小説が古典の名に値する」とあるように、いわゆる定番教材と呼ばれる物語にはいくつもの「空白」がある。また「空白」を可視化した「問」からも様々な「解」候補があがってくる。しかしそのうちのどれを「解」と認定するかの決め手がない（これこそが従来の文学的文章の授業である。後述）。その決め手となるのが「空白」どうしの関連性なのである。「空白」は「問」に替えているから「問」どうしの関連性というべきかもしれない。しかし、「問」もその「解」候補も互いに無関係あるいは矛盾するように見える。しかしそのように見えたとしても、そう見えるだけである。なぜならそれらはそもそもひとつの物語の一部であり、相互に関連しているのである。しかし私たちはほとんどの場合、表層しかみることができないでいる。そこで、「テクスト分析」では全体を知るために、その「問」どうしを干渉させ、止揚するという手続きを採用する。

止揚とは「ある主張とそれに矛盾する主張を統合して、どちらの主張も切り捨てずにより高いレベルの結論

図1 1KJ法による仮説が生まれる過程のモデル

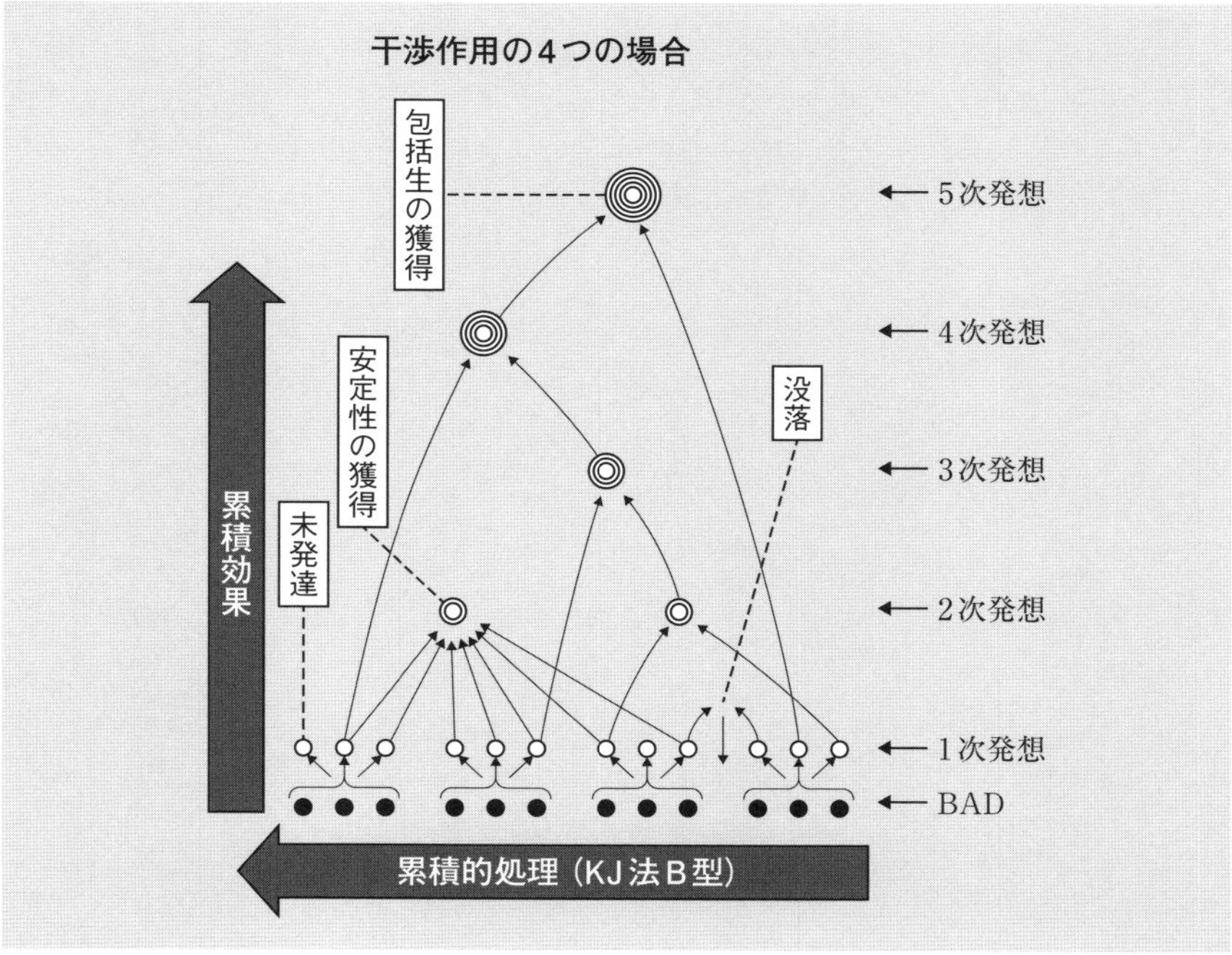

を導く思考方法のこと」であり、「単なる折衷案や妥協案でない」（九〇頁、斎藤哲也編著『読解　評論文キーワード』（二〇一八年、初版一〇刷、筑摩書房）。

その過程はKJ法で知られる川喜田二郎の『発想法』と基本的に同じである。[*2] KJ法を援用しながら、主題に至る過程を説明する。

図1はKJ法でいくつものデータから一つの仮説が生まれる過程を表したモデルである。

KJ法のBAD（基本的発想データ群、ベーシック・アブダクティブ・データ）に当たるのが、「テクスト分析」では「空白」を可視化した「問」になる。そこから様々な発想が生まれ、それらが干渉し合い二次、三次へと新たな発想（アイデア）が生まれる。それらが「解」候補にあたる。その過程で総合されない発想すなわち「解」候補は未発達に終わり、あ

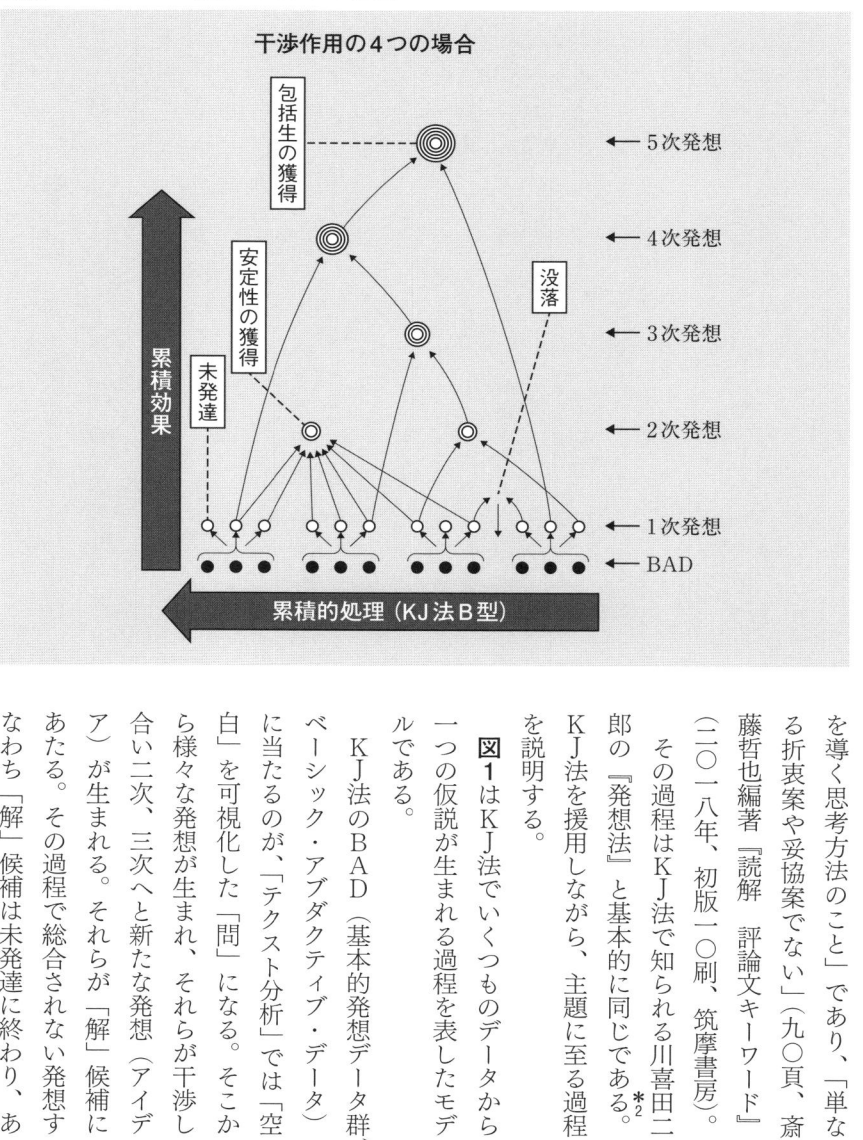

るいは没落していく。その過程を経て「安定性の獲得」を果たした「解」候補は「解」となる。それらをさらに包括した「解」(**図1**の最上部に位置する五重円)、「包括性の獲得」に当たるのが「主題」となる。

ここで注意すべきは、図の「1次発想」が拡散的思考であるのに対して「2次発想」以降は収束的思考となっていることである。

2 「テクスト分析」の実際

「走れメロス」を例に

「走れメロス」を例に具体的に説明する。*[3]

図2を見てほしい。「空白」を「問」にしたもの（BADにあたる）に（1）「なぜメロスが緋のマントを捧げる少女に赤面する場面があるのか」、（2）「人の命も問題ではないもっと恐ろしく大きいものとは何か」（3）「何の資格をもって村の羊飼いの青年が自らを勇者と呼ぶのか」などがあげられる（**図2**の（1）～（3））。他にも「空白」があるだろうが、この三つが物語の真の姿を隠している主要な「空白」である。この三つに共通して言えるのは、「問」に可視化しなければ「気づかずに通り過ぎてしまう」ものである。また答えがわかりそうでわからない、気にし出したら気になって仕方がない。例えていうならば「のどに刺さった魚の小骨」のようなものなのである。*[4]

第一次発想（拡散的思考）

「解」候補はKJ法の第一次発想にあたり、拡散的思考となっている（**図2**のa～f）。

（1）の、メロスが緋のマントを捧げられ赤面する理由となる「解」候補として次のようなものが考えられる。

図2 KJ法を応用した「テクスト分析」の例（「走れメロス」）

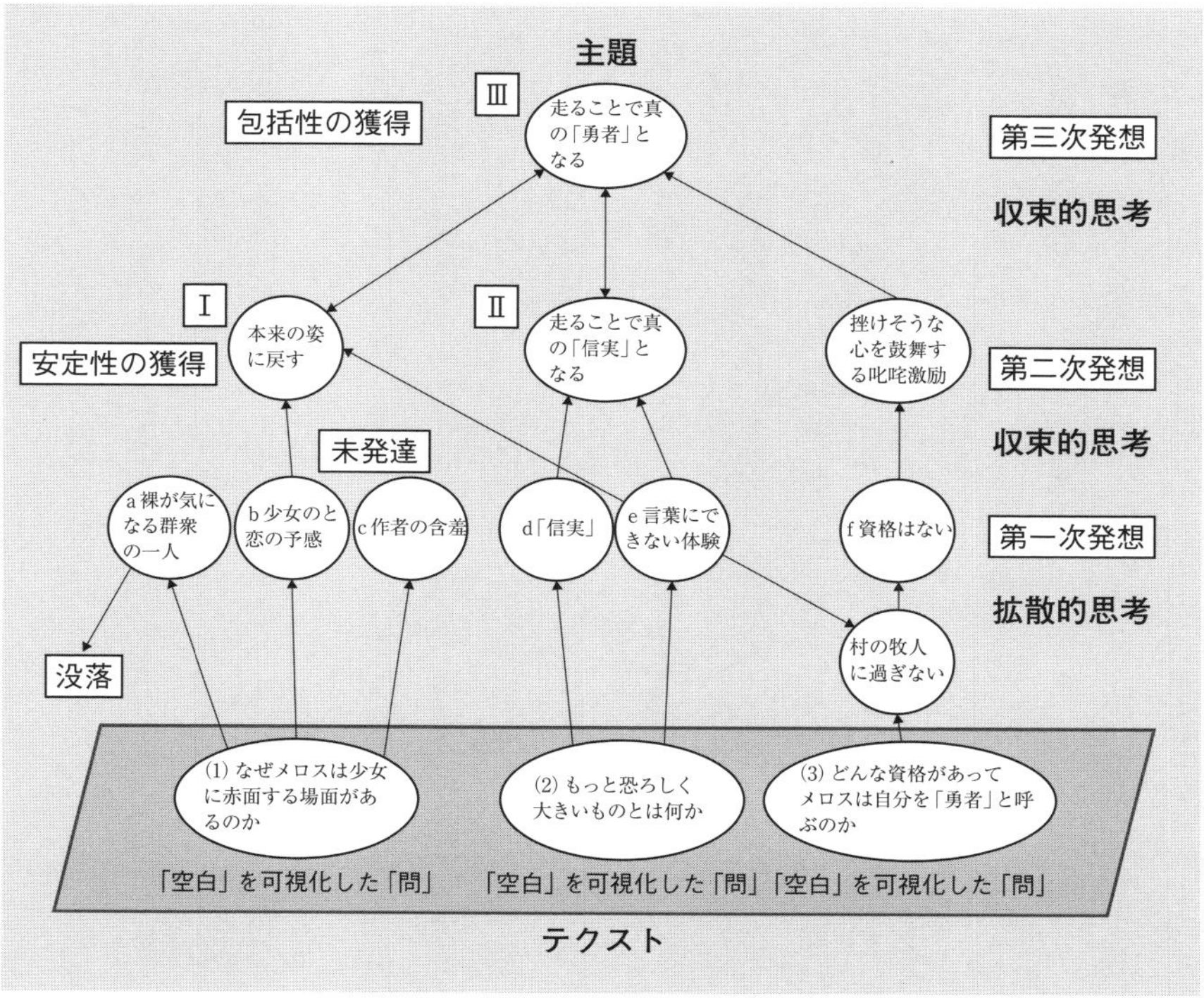

主題
Ⅲ
走ることで真の「勇者」となる
包括性の獲得
第三次発想
収束的思考
Ⅰ
本来の姿に戻す
安定性の獲得
Ⅱ
走ることで真の「信実」となる
挫けそうな心を鼓舞する叱咤激励
第二次発想
収束的思考
未発達
a 裸が気になる群衆の一人
b 少女のと恋の予感
c 作者の含羞
d「信実」
e 言葉にできない体験
f 資格はない
第一次発想
拡散的思考
没落
村の牧人に過ぎない
(1) なぜメロスは少女に赤面する場面があるのか
(2) もっと恐ろしく大きいものとは何か
(3) どんな資格があってメロスは自分を「勇者」と呼ぶのか
「空白」を可視化した「問」
「空白」を可視化した「問」
「空白」を可視化した「問」
テクスト

a　群集の中にはいろいろな考えをする者がいるが、少女はメロスが裸であることが気になる人の一人にすぎない。

b　メロスの活躍に対する報奨として、少女と恋が始まる予感を描いている。

c　友情を朗々と謳いあげることに対する作者太宰の含羞であり、このような場面を付け加えずにはいられなかった。

この三つの中でどれが「解」とするのにふさわしいだろうか。それぞれに解とする根拠もあるだろうが、それだけでは決め手に欠けており、「解」と認めることはできない。

（2）「人の命も問題ではないもっと恐ろしく大きいものとは何か」の「解」候補として、次のものが考えられる。

d「信じられているから走るのだ」と言っているから「信実」のことである。

e 体験したことをない言葉にできない経験を今している。

（3）「何の資格を持って村の羊飼いの青年が自らを勇者と呼ぶのか」の「解」候補としては、f メロスには勇者を名乗る資格がないということになる。なぜならメロスは笛を吹き、羊と遊んで暮らしてきただけの村の牧人で、妹の婚礼の品々を買いそろえるために三年ぶりにシラクスの町に来たのである。普通の人と異なっているのはただ一点「邪悪に対しては、人一倍に敏感であった」ということである。そのために、「政治がわからぬ」「単純な男であった」彼は「買い物を、背負ったままで、のそのそ王城に入って」「たちまち巡邏の警吏に捕縛された」のである。この行為は「勇者」とは程遠い。それではなぜ自分を「勇者」と呼んでいるのだろうか。それは、挫けそうになる気持ちを鼓舞し叱咤激励しているのである。

第二次発想から「主題」へ（収束的思考）

ここから、「解」候補どうしを干渉させる。

（2）のd「信実」とe「体験したことをない言葉にできない経験を今している」ということを干渉させるとⅡ「今までに経験してきた、あるいはそう信じてきた「信実」とは、今感じているものとは全く異なっていて表現できない」ということになると考えられる。しかしそれだけでは「解」とする裏付けとしては十分ではない。

ここで併せて（3）について考えてみる。

f 勇者の資格をもたぬ村の牧人であるメロスが、自らを「勇者」と呼び叱咤激励しながら走るという行為によって、誰もできなかった暴君を改心させる勇者となった。つまり、「解」候補としてⅢ「命がけで走ることでメロスは真の勇者になる」ということであったと考えられる。[*5]

二つの「解」候補dとeの干渉から生まれた「解」候補Ⅱと、「解」候補Ⅲはともに、邪悪に対して人一倍敏感であったというだけのメロスが、自分の命とセリヌンティウスの命の二人の命をかけて走る経験を通して、頭の中で考えて作り上げていただけの観念でしかなかった「信実」が今までのそれとは異質な感覚すなわち真の「信実」となり、同じく観念でしかなかった「勇者」も、それとは異なる異質な感覚すなわち真の「勇者」になったと考えられる。つまり、走るという経験が「信実」と「勇者」の異なる二つに同じように質的転換を図ったのである。「解」候補の二つが互いに共通性が認められる。したがって安定性の獲得ができたのである。

つまり（2）の「解」としてⅡが、（3）の「解」としてⅢが確定したのである。

さらに（1）の「解」候補と、確定した（3）の「解」Ⅲを干渉させる。

メロスが暴君ディオニスを改心させたことでディオニスを「仲間の一人」にすることはできるかもしれない。しかし「政治がわからぬ」「単純な男であった」メロスが、今後彼の側近として助言や諫言ができるわけではない。言ってみれば、この事件は偶然が引き起こした一世一代の一回限りのパフォーマンスであった。つまり彼の居場所はシラクスの町にないのである。メロスは村に帰らねばならない。そのためには普通の青年に戻る必要がある。b少女との恋の予感にメロスが赤面する反応は普通の青年そのものである。つまり、Ⅰ赤面することはメロスが元の村の牧人に戻るために不可欠な場面であったのである。

これによってメロスの赤面の意味がつく。これを、bとⅢの二者だけでの干渉で「解」と認めるには安定性に欠けると思われるが、**図2**のようにⅢ「命がけで走ることでメロスは真の勇者になる」ことはⅠだけでなくⅡとも関連している。Ⅲは（1）から（3）の「空白」がより高い次元でひとつに統合したものであるが、**図2**のようにこの三者はⅢの内容がⅠとⅡの内容を包括している。つまりⅢは包括性の獲得の地位を得て「主題」となっているのである。

「走れメロス」は、比較的構造が単純であるために第三次発想で「主題」にたどり着いていつだけで、より複雑なテキストでは、さらに高次の発想が必要となる。

物語の「主題」はいくつかの「空白」によって隠されている。その「空白」を顕在化し、それらを止揚させて高い次元で包括する「解」として「主題」を見つける。これが「テクスト分析」という手法なのである。

2 「ラフスケッチ」の実践

3 論理的思考
――なぜ「話し合い」活動ができるのか

「論理」とは何か

従来の「文学的文章の読解」が論理的思考と対極にあると考えられているのもかかわらず同じ文学的文章の読解である「テクスト分析」が「論理」なのか。[*6] その違いは何であるのかを述べる。実はその大半をすでに「2」で分析し終えているのである。ここでは重複を避けながら、簡潔に説明する。

「論理」について、野矢茂樹は次のように定義している。

> 「論理」とは、言葉が相互にもっている関連性にほかならない。個々の主張が単発の発言に終わることなく、他の主張と関連しあっていく。それゆえにこそ、一貫性を問われたり、ある主張を根拠づけたり、また他の主張に反論したりすることが可能になる。そうして、言葉は互いに関連づけられ、より大きなまとまりを成し、ばらばらの断片が有機的な全体へと生命を与えられるのである。
>
> はじめに、野矢茂樹『論理トレーニング』（産業図書、一九九七年）

「テクスト分析」では、すでに見たようにいくつかある「空白」についての主張といえる「解」候補を関連させながら、有機的な結びつきによって、より大きなまとまりである「解」すなわち「主題」へ収束されていく。「解」候補もそれらを干渉させる根拠もテクストに依拠するから反論も可能である。

従来の読解授業の限界

このように「テクスト分析」は「論理」の定義にかなっている。

従来の文学的文章の読解における中心的学習では、場面ごとに時系列に事件を箇条書きにするなどの確認作業をしながら、登場人物の気持ちと行動の理由を考える。それは、「テクスト分析」において「空白」を可視化した「問」から「解」候補を考え出す過程である。**図1**と**図2**の第一次発想にあたる。これは拡散的思考の過程である。拡散的思考は、既知の情報から様々な考え（アイデア）を生産する思考である。そこでは多様な考えが求められるが、生産された考えが互いに関連することは求められていない。なぜなら互いの関連性が多ければ、当然のこと、意見は類似していき多様性に反することになるからである。関連性を求めない拡散的思考を実践する授業で「個々の主張が他の主張と関連しあ」う「論理」を求めるのは筋違いである。

「走れメロス」の「テクスト分析」の第一次発想が、従来の読解授業の「話し合い」活動に相当するので、これを例に説明する。

第一次発想で三つの「問」からa～fの六つの「解」候補が生まれた。そのうちａｂｃの三つは同じ「問」（1）の「解」候補である。従来の読解授業では、このような三つ（の意見）について「話し合い」活動を行う。すでに見たようにいずれにも決め手がないから「解」には認められなかった。それは多様な考えを求める拡散的思考から生産された「解」候補であり、互いに関連しようがないからであった。つまり理論的に、従来の読解授業は「話し合い」活動は不可能なのである。

登場人物の行動の理由と気持ちを考えて読むという営みは、物語を読む最も基本的なことであり、必要なことである。これを「同化」あるいは「感情移入」という。これを否定する考えは毛頭ないし、実際「テクスト分析」を取り入れた授業においても行っている。従来の読解の授業では第一次発想に偏ることになり、それ一辺倒というのはやはり問題である。

それに対して、「読者反応批評」でもある「テクスト分析」において、学習者に求めるのはテクストから「空白」を見つけ読み解くことである。「解」候補を干渉させ第一次発想から第二次、第三次発想へ次元を高め、止揚させながら、ひとつの「主題」に至る思考の過程は収束的思考となる。それは既に考察してきたように「解」候補を互いに干渉させて関連性を見出す営みである。関連性を求めるから、必然的に「論理的思考」となり、生徒の意見は絡み合う。

「はじめに」で、「テクスト分析」の実践編を学習者の実態に合わせてアレンジすれば学習者が主体的に学ぶ授業ができると書いたのは、つまりそういうことである。

◉注

＊1 私たちが眼にする文芸批評の過半は「作者に書くことを動機づけた初期条件の特定」というこの近代批評の基本パターンをしっかり踏襲しています。／バルトは近代批評のこの原則を退けました。／テクストが生成するプロセスにはそもそも「起源＝初期条件」というものが存在しないとバルトは言い始めたのです。そのことを言うために、バルトは「作品」ということばを避けて、「テクスト」ということばを選びました。（一二九頁、内田樹『寝ながら学べる構造主義』文春新書二五一、二〇〇二年、第六刷）

＊2 一一一頁、川喜田二郎『発想法　改版』（中公新書一三六、二〇一七年）「テクスト分析」の理論を見事に説明していたのでKJ法の図を引用した。その一致と説明の見事さに驚いたのだが、ある日、書棚から、昭和五二年、四四刷の『発想法』が出てきた。中を見ると引用箇所に念入りに傍線を引いていた。四〇年以上前に読んで得た知識であることをすっかり忘れ自分のアイデアと思い込んでしまっていたのだ。しかし川喜田の理論そのものとは違ってしまっているし、『発想法』を

理解するための引用ではなく、ここでは、あくまでも私の理論を援用するための引用となっている。

＊3 「空白」の見つけ方

確たる方法論があるわけではない。石原の比喩に従えば様々な穴がある。それを見つけるために「なぜ」を一文ごとにつけて、あるいは一語ごとに「なぜ」をつけながらテクストに向かう。読み進めるうちにその「解」（候補）が見つかるか、再読する中で見つかるのがほとんどである。しかし繰り返し読んでもなお「解」（候補）が見つからないものがある。澱のように残ったもの、それがその物語の真の姿を隠した穴「空白」である。

＊4 実践編も「走れメロス」を分析しているが、そこでは「物語文」を用いている。最初に「主題」を設定し「空白」を考察している。最初の「主題」の設定では、ここで説明している思考がこれほど分析的ではないが意識の中では同様のことを行っている。

＊5 注意して欲しいのは、メロス自身が真の勇者になろうと思って走っているのではないということである。走る理由についてはメロス自身がいろいろ言っている。「あの王に、人の信実の存するところを見せてやろう」「殺されるために走るのだ。身代わりの友を救うために走るのだ。王の奸佞邪知を打ち破るために走るのだ。」「信頼に報いなければならぬ。今はただその一事だ。」「私は生まれたときから正直な男であった。正直な男のままにして死なせてください。」「私は、なんだか、もっと恐ろしく大きいもののために走っているのだ。」

走ることで真の「勇者」になるという意識も自覚もメロスにはない。メロス本人の意思とは関わりなく彼は真の「勇者」になるために走っているのである。何かに突き動かされるように、それが理屈ではない真の信実であり、真の勇者であるということであろう。物語の語り手もそれを語らない。だからこそ、隠された「主題」なのである。

＊6 二〇〇五年に出された文部科学省の「読解力向上プログラム」の「はじめに」に「言語の教育としての立場を重視し、特に文学的な文章の詳細な読解に偏りがちであった指導の在り方を改め（省略）」とある。この文言はすでに一九九七年の教育課程審議会「教育課程の基準の改善の基本方向について（中間まとめ）」において同様の文言が書かれており、文学的文章の読解が「言語の教育」という立場から乖離していると考えられており、二〇二二年から実施される高校国語の新学習指導要領の「論理国語」「文学国語」の選択科目が設けられたのもこの延長線上であろう。この問題は二十年以上にわたる国語教育の宿年の課題であり、本質的な課題であるといえる。

第2章

実践編

1 「竜」 今江祥智

——竜の子三太郎は、変わらない

中学一年

問1 「ほんとに気が弱くて、いつもいつも、沼の底でじいっととぐろを巻いて、息をころしておるのだった。」とある。しかし、いくら「気が弱い」とはいえ、竜と人間には圧倒的な力の差があるのに、なぜ三太郎は沼の底でじっと息をころしてとぐろを巻いて暮らしていなければならないのだろうか。

周知のとおり竜と人間の力は極端な非対称形にある。竜の力は人間にとって脅威である。この事実は楢やんだけではなくすべての人間が了解している常識である。ところで竜の力が人間にとって脅威であるためには条件がある。竜が人間に対する圧倒的な力として行使できるのは竜の世界である沼から人間の世界である地上に越境してきたときだけだということである。つまり、その力が圧倒的な脅威であるのは地上の人間の世界において人間に対してのみであり、竜同士の場合は竜と人間のような極端な非対称形にはならない。そんな圧倒的な力の差の価値に関心を払わない、あるいは価値に意味を見いだせないのが、主人公の三太郎である。「気の弱さ」ゆえに人間と接触することさえ忌避している三太郎が、沼と地上との境界を越境して人間に対して竜の力を行使することはない。つまりその価値を行使することを必要としない。三太郎にとって竜と人間の力の差がいくら隔絶していようとも関心の埒外である。それ以上に彼にとってこの力は楢やんと騒動を引き起こす迷惑な能力であったのかもしれない。彼の関心事は「気の弱さ」に抵触する事物だけであり、そこには竜の世界と人間の世界との差はない。必然的に人間の世界と竜の世界を同一平面に置くことになる。つまり彼にとって人間と竜に差異はなく等価なのである。

図1 三太郎にとって人間の世界と竜の世界は等価である

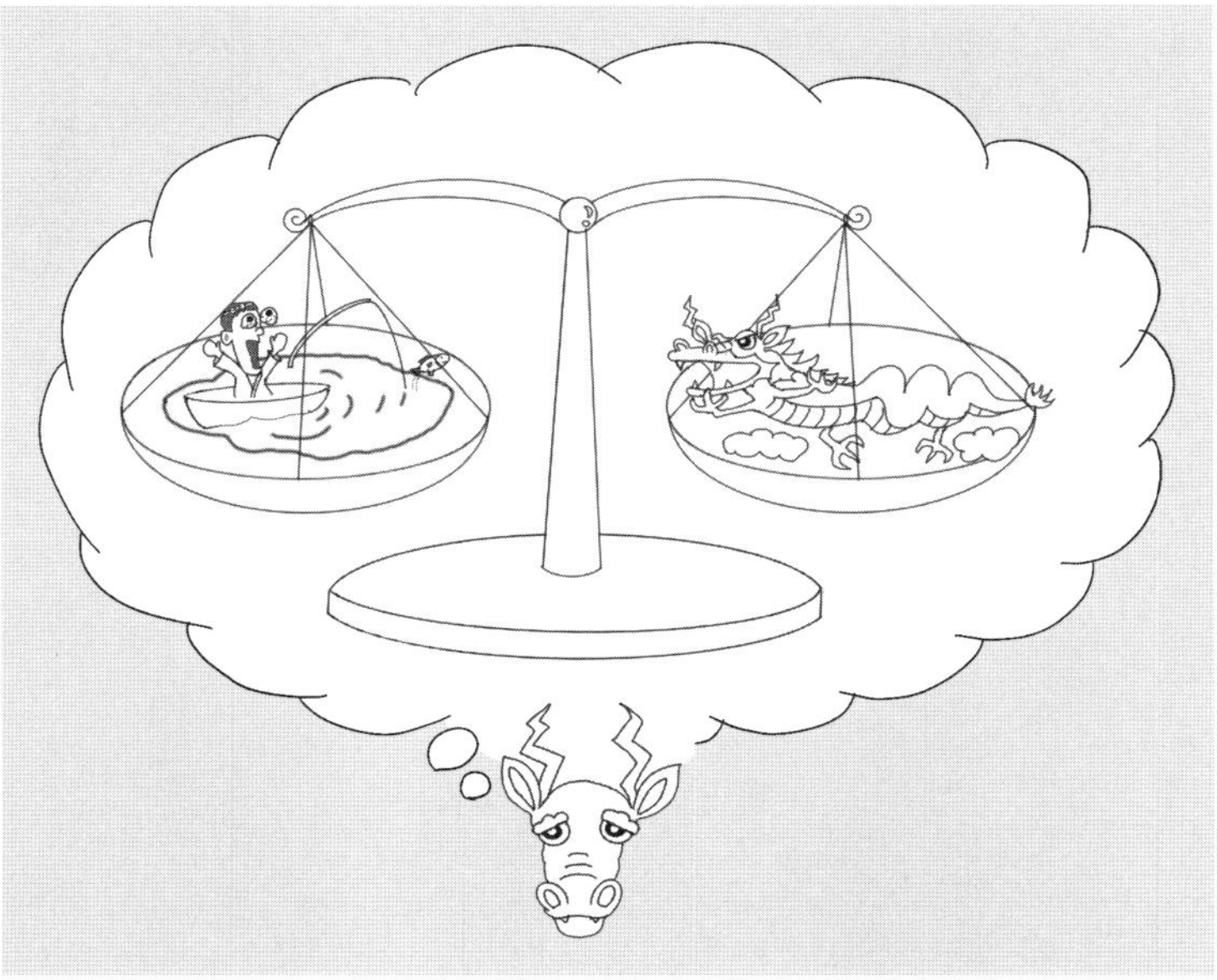

人間という脅威

事件は三太郎がきっかけで起こるが、人間は自分たちの都合や事情によって三太郎を評価する。その評価は、村人の暮らしに余裕があるときは「竜見物」という好奇の対象となり、干ばつの危機には「竜神様」という尊崇の対象になっている。しかし、かりに三太郎が起こした大雨が台風のようなものとなって稲の刈り入れの時期であったならば壊滅的な打撃を与えることになるだろう。そうなると彼らの三太郎への評価はまったく異なるものになっていたに違いない。

楢やんとの遭遇は三太郎にとってまったくの偶発的な事故であったが、そもそも人間が関与して三太郎の身に起きたことはすべて彼が意図して人間に働きかけたものではない。彼は自ら竜の力を行使することはしないからである。

仮に人間に圧倒的な力を行使したところで、それはどのような三太郎の厄災となって降りかかってくるかわからないからである。それが他の竜にとってさしたることでなかったとしても。なぜなら人間は自分の都合や事情によって勝手に評価し、三太郎に対して行動を起こすからである。その行動は好奇の対象としての「竜見物」から尊崇の対象としての「竜神様」まであり、その振幅は激しい。人間の事情や都合など知る由もない三太郎にとって予測不能な得体の知れない脅威。それが三太郎にとっての人間であったのである。

うっかり人間の世界に出ると人間に何をされるかわからない——三太郎にとって人間という脅威を回避する術は人間との接触を避けるために息を殺して沼の底でじっととぐろを巻いていることなのである。ただ「竜神様」とまつられることはまさに「けがの功名」であって、三太郎に思わぬ転機をもたらす。

問2 **「竜神様」とたてまつられることで、これまでの沼の底で息をころして暮らす三太郎の生活が変わるわけではないのに、三太郎はなぜ（神様ちゅうもんは、退屈なもんじゃ……。）と感じているのか。**

竜神様とたてまつられたことに「まんざら悪い気持ちでもない」「とっつあんの竜大王にちっとは申しわけも立つ」と思いをはせ「頰を赤らめ、気の弱そうな苦笑いを浮かべ」るのは、気が弱い三太郎の至極順当な反応である。しかし、（神様ちゅうもんは、退屈なもんじゃ……。）という三太郎の感想はどうだろうか。

「退屈」には、「当面することがなく、時間をもてあますこと」あるいは「あきて、いやになること」という語義がある（『明鏡国語辞典』大修館書店、二〇〇二年）。「あきて、いやになる」ほどの期間「竜神様」としてまつられているわけではないので前者の「当面することがなく、時間をもてあます」という意味であろう。しかし、三太郎はそもそもただ沼の底でじいっととぐろを巻いている生活を送っていただけであり、「竜神様」としてたてまつられた後も、生活に変化はない。沼の周り騒ぎは大きくなったことで、今まで以上に水面に鼻先を出しにくくなり、これまでの生活を継続させるだけである。

それにもかかわらず、三太郎が「竜神様」とまつられた今なぜ「退屈」と感じるのだろうか。同じ現象が異なったものと見えるようになったのである。それは見る者の意識に変化が起こったからである。「竜神様」にまつられることではじめて、彼の中に余裕が生まれ、何も変わっていない同じ生活が異なって見えた。それが「退屈」である。

二つの解放

心の余裕は二つの解放によってもたらされたのである。

一つめが人間の脅威からの解放である。

人間の脅威からの解放は、三太郎の人間に対する認識の変化に起因する。しかし三太郎が主体的に選び取った変化ではなく人間が三太郎の認識を改めたことによる変化である。

楢やんとの遭遇から起こった沼見物は、人間にとって伝承であった竜の存在を確認したいという、あくまでも好奇の対象にすぎず、「見物」という行為からも竜に脅威を感じていない。その間、三太郎にとって人間は一層彼を脅かす存在へとなっていった。しかし、三太郎が降らした干ばつの大雨は百姓を飢饉から救い、彼を「竜神様」とたてまつるに至って、両者の地位は逆転する。三太郎は人間にとって尊崇すべき絶対的な存在となったのである。

もう一つの解放とは、「とっつあんの竜大王」から期待されているという重圧からの解放である。「竜神様」とまつられることでその重圧から解放されたのである。「ちっとは申しわけも立とうというものだ。」とは、そういうことである。

竜大王はなぜ五十年に一度の見回りをするのか。竜大王に何人（匹）の子があるかわからないが、竜大王の子である三太郎はその後継者（候補）である。見回りは将来の竜大王として資質を見極めようという意図があったにちがいない。当然三太郎に対する期待があるはずである。三太郎は竜大王のそんな思いを理解していた。「ちっとは申しわけも立とうというものだ。」という言葉はそれを示している。しかし「気の弱い」三太郎はそれに応えようがなかった。だからと言って「気の弱い」彼が「とっつあん」の思いを拒絶することもできない。「十年もして、とっつあんの竜大王が見回りに来たとき」とあり、前回の見回りから四十年近くが経過していることをきちんと把握している。常に気にかかっているのである。直近の課題ではないが、やがてその日が来ることを意識しているのである。

沼の底にひっそりと隠れている三太郎に対して竜大王はかんしゃくを起こし、「うんざりしてしまい、情けなくて情けなくて、もう文句を言うことともよしにして、ぷいと飛んでいってしまった」という行動をとる。

すると三太郎は「さも安心したように、いそいそと沼の底へ戻る」。三太郎はいっときの難を逃れることができればそれでよいと思っていたのだろうか。

竜大王が五十年に一度の見回りする意味を考えなければならない。

五十年に一度の見回りが、人間とは寿命が異なり、時間のスケールも異なるので、竜にとってどれほどの頻度にあたるのかはわからないが、「とっつあん」の見回りを心の片隅で気にかけながら年月を送る中、まさに「けがの功名」というべき僥倖《ぎょうこう》、「竜神様」としてまつられることになった。父の期待に応えることができるという喜びは、「けがの功名」であったことに若干の後ろめたさを感じながらも竜大王に認められる自分を想像し、「頬を赤らめ、気の弱そうな苦笑い」となり、安堵へと変わる。

三太郎の、沼の底で息をころしてじいっととぐろを巻いている生活は活動的とはおおよそ言いがたいが、人間からの脅威に備えて一瞬の油断も許されない、しかも父からの期待という重圧を感じながらのストレスに満ちた生活であったのだ。人間という脅威からの解放、「竜大王」の期待という重圧からの解放。この二つの条件が揃うことで、三太郎の心が解放され、心に余裕が生まれた。「ちっとは申しわけも立とうというものだ。」という言葉とともに「灰色の砂漠」であった胸から吐き出される「きれいな緑色のあぶく」はストレスに満ちた三太郎の心が解放され、余裕を得た象徴である。

「気の弱い微笑」と「気の弱そうな苦笑い」

そのことは、楢やんとの遭遇をきっかけに始まった沼見物で三太郎が浮かべた「気の弱い微笑」と「竜神様」とまつられ見物衆が増えた時の三太郎の「気の弱そうな苦笑い」を比較することで一層明確となる。先の、沼見物の人間が増えた時の三太郎はすっかり元気をなくして「気の弱い微笑」を浮かべながら、沼の底に幾巻きもしている自分の巨大な体を眺めているばかりであった。この「気の弱い微笑」は、沼の周りで騒ぐという人間の脅威に対して「気の弱さ」ゆえになす術《すべ》もなく弱り切っている諦めが表れたものであった。つまり「気の弱さ」という彼の性格が必然的に招いた事態と語り手は認識している。

図2 脅威と重圧から解放され、三太郎の心に余裕が生まれる

しかし、「竜神様」とまつられ、見物衆がこれまで以上に増えた時の「気の弱そうな」は「気の弱い」と異なる。「気の弱そう」という表現はその「苦笑い」が外見上は先の「気の弱い微笑」と同じよう「気の弱い」ように見えてはいるが、実際はそうではないという表現である。微妙に異なる表現「気の弱そうな」と「気の弱い」を用いるのは意識的である。同じように見えながらも異なっている。「似て非なる」ということである。「竜神様」とたてまつられることで沼見物の人間が「以前にもまして増え」、三太郎が「以前より小さくなっていなければならなくなってしまった」と認識しているにもかかわらず、三太郎の性格であった「気の弱さ」は彼の苦笑いに表れていないということを指摘しているのである。この違いこそが三太郎に余裕が生まれたという証である。

心の余裕を得て、初めて客観的に振り返った自分の生活は、真夜中に空気の入れ替えをすること以外何もすることのない生活であった。私たち読者はその生活が以前のストレスに満ちた生活と何も変わっていないことを知っている。しかし、ストレスから解放された三太郎には「竜神様」としてまつられる以前とはまったく異質な新しい生活と認識されたのである。三太郎にとって「竜神様」とまつられることに始まった新しい生活は「何もすることのない」ものであった。それが「神様ちゅうもんは退屈なもんじゃ」という感慨となる。したがって三太郎において「退屈」は否定的な意味を持たない。「退屈なもんじゃ……」は脅威と重圧からの解放であり、三太郎が到達した心の余裕の表明であり、彼の精神的な成長の表れなのである。

問3 「竜神様」とまつられることになった「気の弱い」三太郎は、「気の弱さ」を克服することができるのだろうか。そして、どのような「竜」になるのだろうか。

私たちはここまで「気の弱い」という三太郎に対する語り手の評価に依拠して分析してきた。

三太郎が「竜神様」とまつられたことをきっかけに「気の弱さ」を克服したとしよう。「気の弱さ」は主に百姓に対して露呈してきた。「気の弱さ」を克服したなら、百姓の存在を考慮しないということになる。つまり空気の入れ替えは昼夜を問わずに思うがままに行う。また沼の底にじっとすることに飽きれば、自由に沼から飛び出すだろう。問1で考察したように、時期が異なれば百姓の生活に大打撃を与え、百姓の生命を奪う大惨事になることもある。そのような大惨事は繰り返されることも考えられる。「気が弱い」ことで、竜と人間を等価な存在として見てきたからこそ、これまで同様にこれからも三太郎が「気が弱い」ままで変わらぬ限り、百姓が恩恵を受けることはあっても、生命の危機に直面する機会は少ない。三太郎の「気が弱さ」が、「竜神様」とまつられることによって少なくとも人間に対して改善したことはすでに分析した。それが直ちに人間の存在を考慮せずに振る舞うということにはならない。「ちっとは申しわけも立とうというものだ」や「神様ちゅうもんは退屈なもんじゃ……」という言葉からわかるように現状のままで今後も三太郎はこれまでの生活を改めるつもりはないし、人間に対する態度も変えようとしていない。竜として人間へ力を行使することで恩恵を受けることを十分に理解していながらである。これは「気が弱い」の一言で片づけてしまうべきではない。そこには明確に彼の意志が働いている。

このような絶対的な力を有する者が弱者に対して自らの力の行使の意味を把握しながらも、その行使を自律的に抑制していこうとする態度を私たちは「気が弱い」とは呼ばない。それを私たちは「優しさ」と言い慣わしてきた。

2

中学一年

「空中ブランコ乗りのキキ」

——命を賭けて守った幸福の果て

別役実

「物語文」とは何か

「物語文」とは何か。ロラン・バルトによれば、すべての物語は、「〜が〜になる物語」と「〜が〜をする物語」の二つの「物語文」に分類できる（石原千秋『未来形の読書術』ほか）。「〜が」はともに登場人物が入り、「〜する」はその登場人物の行動を表し、「〜になる」は登場人物の行動または心理などの変化を表す。

従来の「主題」は、細部の精緻な読み（所謂「精読」過程）の上に構築されるものであり、読解学習の「総仕上げ」という側面をもつ。また「主題」は「作者」の意図が反映されたものでなければならない。

一方「物語文」は謂わば「当面の目標」のような緩やかな設定である。「テクスト」が作者から自由に読まれるように「物語文」も自由に設定することができる。読んでいくうちにつじつまが合わなくなれば、全面的な変更も可能である。

「空中ブランコ乗りのキキ」でも様々な物語文をつくることができる。

「キキが四回宙返りをする物語」「キキが観客の評判に幸せを感じる物語」「キキがライバルの出現におびえる物語」「キキが白い大きな鳥になる物語」「おばあさんが薬でキキに四回宙返りをさせる物語」ピエロのロロがキキを心配する物語」「金星サーカスのピピが一日にして忘れ去られる物語」などである。

ただし、「テクスト分析」で「物語文」を採用するのは、テクストのあちこちに偏在する「問」あるいはテクスト全体に関わる「問」を解くためであるから、それらすべての「問」に関連するものでなければならない。すなわち、登場人物の行動あるいは心理の変化を表す「〜が〜になる物語」であり、なおかつ物語の最初から最後までを貫くような射程の長いものがふさわしい。

この二つの条件を満たす「物語文」が「キキが四回宙返りをして白い鳥になる物語」である。この場合は「〜する」型と「〜になる」型を組み合わせている。*1

この「物語文」と関連づけると、第一場面から第四場面まで、キキが「白い鳥」になっていく必然的なプロセスであることがわかる（**図1**）。

第一場面で、団長さんの言葉でキキは四回宙返りを意識させられ、第二場面で、親友のロロによって結果的に人気を取るか、四回宙返り＝死を取るかの二者択一を迫られ、四回宙返り＝死を選択する。そして第三場面で、謎めいたおばあさんに四回宙返り＝死の覚悟の程を確認される。このように場面を追うごとに、第四場面での「四回宙返りをして白い鳥となる」という結末に向かって一歩ずつ歩を進めているのである。

だから仮に、第三場面で登場する謎めいたおばあさんが第一場面でキキの前に現れ、キキに薬を与えようとしたところで、キキは飲まない。なぜなら第一場面では、キキが自分の命と引き替えに薬を飲もうと決心するまで追い込まれていないからである。つまり前の場面は次の場面を準備しているのである。

図1 キキが「白い鳥」になっていくプロセス

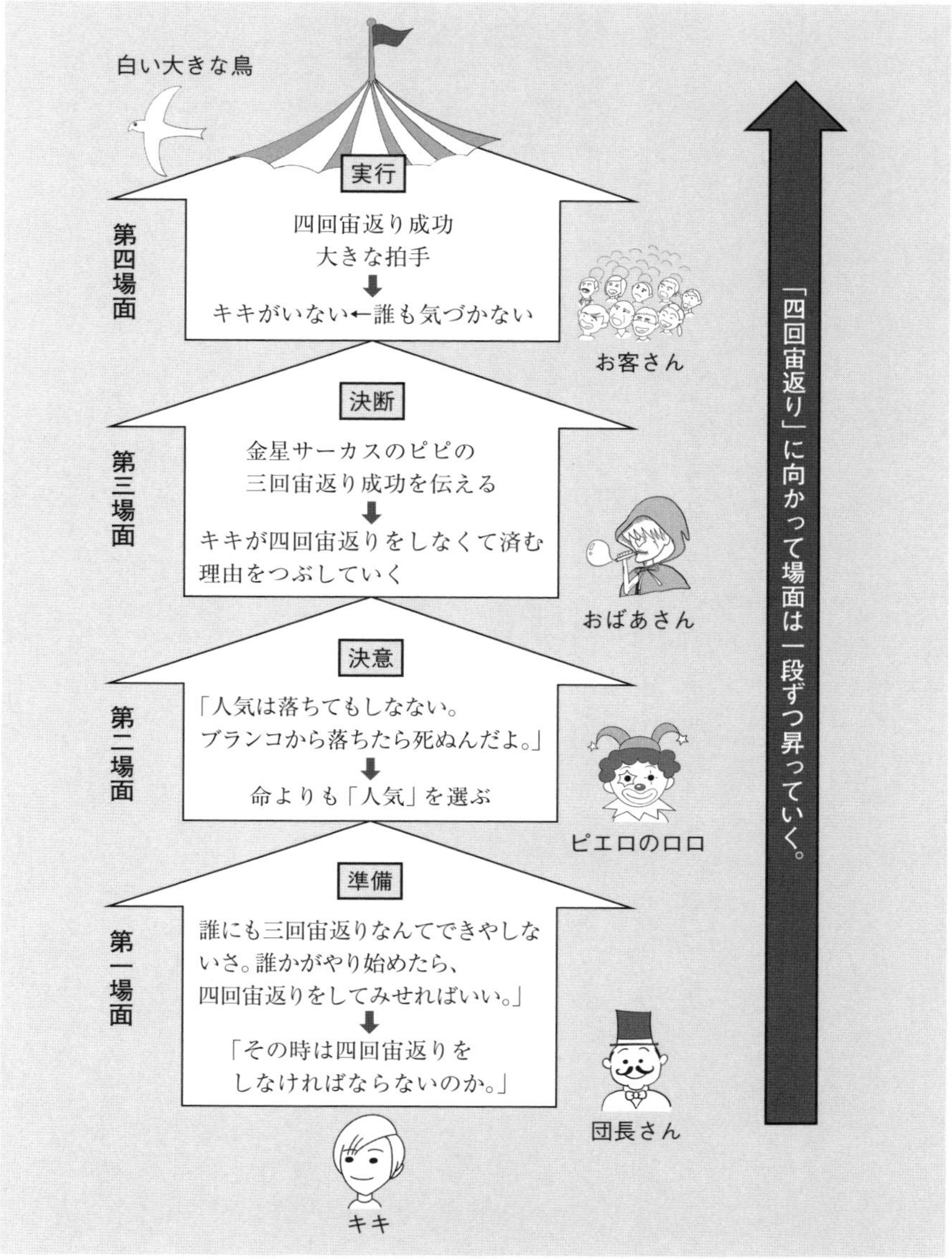
白い大きな鳥
実行
第四場面
四回宙返り成功
大きな拍手
キキがいない←誰も気づかない
お客さん
決断
第三場面
金星サーカスのピピの
三回宙返り成功を伝える
キキが四回宙返りをしなくて済む
理由をつぶしていく
おばあさん
決意
第二場面
「人気は落ちてもしなない。
ブランコから落ちたら死ぬんだよ。」
命よりも「人気」を選ぶ
ピエロのロロ
準備
第一場面
誰にも三回宙返りなんてできやしないさ。誰かがやり始めたら、
四回宙返りをしてみせればいい。」
「その時は四回宙返りを
しなければならないのか。」
団長さん
キキ
「四回宙返り」に向かって場面は一段ずつ昇っていく。

問1 キキは、なぜ命を賭けてまで四回宙返りするのか。

キキの幸福

キキは、人々の評判の中で、いつも幸福でしたが、誰か他の人が三回宙返りを始めたらと、考えると、そのときだけ少し心配になるのでした。

何げない表現であるが、ここにキキの悲劇がある。「キキは、人々の評判の中で、いつも幸福でした」。キキの幸福は人々の評判ということである。人々の評判とは直接的には空中ブランコの演技をしているときにキキが受ける拍手や歓声にあたる。キキにとって幸福は、満ち足りた状態を実感していることにとどまらず、キキをキキたらしめているアイデンティティとなっている。それが「誰か他の人が三回宙返りを始めたらと、考えると、そのときだけ少し心配になるのでした」の意味である。

それはまた、キキの幸福はキキの中にはないということを表している。つまり客という他者の反応に依存しているということである。移り気な不確実な客の拍手に自らのアイデンティティを委ねたことがキキの悲劇の始まりであった。だから自らのアイデンティティを守るためにキキは四回宙返りに挑まなければならなくなるのだ。

三回宙返りの人気はいつかなくなるというキキの不安を解消しようとする団長さんの調子のよい激励や、キキに四回宙返りをやめさせようとするピエロのロロの真剣な説得が、その願いや意図とは裏腹に、四回宙返りを決意させ、実行への階段を上らせる。

団長さんは、いつも言っておりました。／「おまえさんは、世界一のブランコ乗りさ。だってどこのサーカスのブランコ乗りも、二回宙返りしかできないんだからね。」／「でも、団長さん。いつか、誰かがやりますよ。みんな、一生懸命、練習をしていますもの。そうしたら、私の人気は落ちてしまうでしょう。」／「心配しなくてもいい。誰にも三回宙返りなんてできやしないさ。それに、もし、誰かがやり始めたら、おまえさんは四回宙返りをしてみせればいいじゃないか。」

団長は、キキを「世界一のブランコ乗り」と賞賛するが、その根拠は「どこのサーカスのブランコ乗りも、二回宙返りしかできない」ということである。「いつか、誰かがやる」というのがキキの心配であったが、それには団長は「心配しなくてもいい。誰にも三回宙返りなんてできやしないさ。それに、もし、誰かがやり始めたら、おまえさんは四回宙返りをしてみせればいいじゃないか。」とまともに取り合わない。おそらく、彼のサーカスがキキの三回宙返りのおかげでいつも大入り満員という興行的な大成功を収め、満足し切っているから、そもそも「いつか、誰かがやる」という可能性を考えることもないのである。「誰にも三回宙返りなんてできやしない」からその心配は必要ない。だから軽い気持ちで「もし、誰かがやり始めたら、おまえさんは四回宙返りをしてみせればいいじゃないか」という言葉が出たのである。しかし、彼の無責任な発言がキキに「そのときは、団長さんの言うとおり、四回宙返りをしなければいけないのだろうか……」と以前から着手をしていた四回宙返りの練習を本格的にさせることとなる。

そんなキキの様子を見て心配したピエロのロロが真剣に四回宙返りを思いとどまらせようと説得する。

ピピは「人気なんて落ちたって死にやしない。ブランコから落ちたら死ぬんだよ」と訴えるのだが、その言葉はキキにとって「ブランコから落ちて死ぬ」と「人気が落ちること」とのいずれか一方を選ぶことを迫ることとなる。そしてキキの選んだ結論は「人気が落ちるということは、きっと寂しいことだと思うよ。お客さんに拍手してもらえないくらいなら、私は死んだほうがいい……。」であった。
そしてピピの三回宙返りの成功を知った時、人気挽回のために四回宙返りを決意する。

問2 なぜ大きな白い鳥は悲しそうに鳴きながら去ったのか。

「翌朝、サーカスの大テントのてっぺんに白い大きな鳥が止まっていて、それが悲しそうに鳴きながら、海の方へと飛んでいったといいます」。命と引き替えにしてまで望んだ四回宙返りの成功を成し遂げ大観衆に感動をもたらしたにもかかわらず、なぜキキの化身である白い鳥は「悲しそう」であったのだろうか。*2

キキの化身である白い鳥が「悲しそう」だったのは、本来実力で果たすべき「四回宙返り」をおばあさんの薬の力を借りたことに後悔があったからだ——という「解」は成立しない。なぜなら彼の目的は「四回宙返り」を成功させることではないからである。キキが成功の見込みがない「四回宙返り」を決意したのは、ピピの三回宙返りの成功によって「今夜の拍手ほど大きくはない」拍手にキキが耐えられなかったからだ。

だから、キキは最後まで「四回宙返り」を実行しないで済ませる理由を探る。

キキが「三回宙返り」の最高の出来に満足し、波止場を散歩して一人その余韻に浸っていた時におばあさんから金星サーカスのピピが「三回宙返り」に成功したことを教えられる。さらにおばあさんから「その評判を書いた新聞が、今、定期船でこの町へ向かって走っている。明日の朝にはこの町に着いて、みんなに配られる。おまえさんの三回宙返りの人気も、今夜限りさ……。」と言われたキキは、一旦それを受け入れるそぶりを見せるが、「金星サーカスのピピがやったとしても、まだ世界には三回宙返りをやれる人は、二人しかいないんですよ。」と聞き返す。しかしおばあさんの答えはにべもない。「お客さんは、それじゃ練習さえすれば、誰にでもできるんじゃないかな、って考え始めるよ。」

おばあさんのこの答えはキキがおそらく何百何千と自問自答し、同じ結論に至った答えだったはずだ。しかし、成功の見込みがゼロに等しい「四回宙返り」に挑むには生に未練あったから、おばあさんに違う答えを期待したのだ。

キキの望みどおり、自らの「幸福」すなわちアイデンティティである「人気」＝「拍手」は、おばあさんの薬の力によって四回宙返りを見事に成功させることで守ることができたのだった。

　人々のどよめきが、潮鳴りのように町中を揺るがして、その古い港町を久しぶりに活気づけました。人々はみんな思わず涙を流しながら、辺りにいる人々と、肩をたたき合いました。

命と引き換えにしても欲しかった客の拍手を見事に手に入れたにもかかわらず、キキの化身である白い鳥は未練がましく悲しそうに鳴きながら、テントを去っていったのはなぜなのか。

確かに成功の瞬間、客は「思わず涙を流しながら、辺りにいる人々と、肩をたたき合い」、潮鳴りのように町中を揺るがすような歓声や拍手が起こった。キキの願い通りいやそれ以上だったかも知れない。しかし、それを成し遂げたヒーローに「そのとき、誰も気づかなかったのですが、キキはもうどこにもいなかった」。キキがサーカス小屋にいなくなったことにはサーカスの関係者以外誰も気づかなかったのだ。つまり客の関心はキキにはなかったのだ。客の「拍手」は客自身の感動の表出であって、「思わず涙を流しながら、辺りにいる人々と、肩をたたき合」ったのも高ぶった自らの感動の表出が拍手や歓声だけでは足りなかったということに過ぎない。いずれにせよ、これらは客のものであり、キキに向けられたものではなかったのだ。これが、キキが命を懸けてまで欲した自らの幸福である「人気」＝「拍手」の正体であった。「いったい何のために命を懸けてまで四回宙返りを行ったのだろうか」その事実を知った時、キキはそう思っただろう。その彼の姿が、「悲しそうに鳴きながら」なのである。

「もしかしたらそれがキキだったのかもしれないと、町の人々はうわさしておりました」。その姿がキキだったのかもしれないと彼の存在がすでに実体の持たない「うわさ」で捉えられている。うわさである限り、早晩キキの存在自体も忘れ去られるだろう。これが文字通り命を懸けた「人気」＝「拍手」の正体であった。

「アイロニー」

この物語は「アイロニー」の物語である。「アイロニー」とは「予想・期待・希望に反した結果」をいう。*3

キキに「三回宙返り」はキキ以外に誰も出来ないという思いから出た団長の「四回宙返り」という言葉も、「四回宙返り」を思いとどまらせようとするピエロのロロの真剣な説得も、その意図とは逆に、四回宙返りへの段階を登らせるように作用して、キキは四回宙返りを決意し実行する。アイロニーである。そして、キキが自らの幸福を「客の拍手」という、うつろいやすい他者に依拠していたことが、悲劇の始まりであった。仮に、たとえばキキが三回宙返りの技の精度の錬磨に幸福を見出すように、自らの中に幸福を見出すことができたなら、このような「悲劇」は起こらなかった。これもまたアイロニーである。

テクストは、人の真心や努力が実を結ぶわけでもないし、望む結果が得られたからといってそれが「幸福」であるとは言えないということを教える。だから、生きるに値しないということとではない。ファンタジーの形式を取りながら、人生を一義的一面的に捉えないこのテクストは奥行きが深い。

◉注

*1 「物語文」の定義に外れているが、あくまでも「テクスト分析」の一つの方法であるので、定義に拘束される必要はない。

石原は、国語力をつけるために〈物語文〉を一人で複数作ることを推奨している（石原前提書、一〇七頁）。しかし「テクスト分析」ではただ一つの〈物語文〉を設定してそれを核に個々の問を分析する。ただ一つの「物語文」を作る過程で複数の「物語文」が作られることはあるが、全く逆のことをしようとしている。

＊2 大きな白い鳥がキキの化身ではないとする読みは可能なのか。大きな白い鳥がキキであるか否かを問うことで、キキが白い大きな鳥であることを確認するのなら意味はあるが、証拠不十分として、それを否定してしまうことは、二つめの問いを無効にすることである。テクストは一つの有機体と考えられる。不要な部分はない。理解できないからといってそれを抹消するのは、物語の世界を矮小化することであり、知的怠慢に他ならない。

＊3 六頁、沖森卓也他編『表現読解国語辞典』（ベネッセ、二〇〇三年）

中学一年

3 「字のない葉書」 向田邦子

――憎いけれども愛おしい

このテクストは一見すると「父」の心温まるエピソードのように思える。実際はそんな単純ではない。なぜなら、語り手は物語世界の外にいて客観的に語る「三人称」の語り手ではないからだ。語り手の「私」は「父」に対して複雑な感情をもつ娘である。

問1 「私」に宛てて書かれた手紙に表れた「父」の威厳や愛情、「字のない葉書」の細やかな気遣いや病を得て帰ってきた妹の肩を抱いて声をあげて泣く「父」の姿を「私」はいったいどのように受け止めているのか。

「最も心に残るものをと言われれば、父が宛名を書き、妹が『文面』を書いたあの葉書ということになろう。」と語られてはいるが、結びで「あの字のない葉書は、誰がどこにしまったのかそれともなくなったのか、私は一度も見ていない。」となっている。「字のない葉書」を「最も心に残るもの」と語るので大切に保管しているのかと思いきや、「誰がどこにしまったかそれともなくなったのか、私は一度も見ていない。」とぞんざいな扱いしているようにしか思えない。これが象徴するようにこのテクストにおける「私」の父に対する叙述は両極端に振れる。

テクストで新たに語り起こされる「父」の逸話はまさに心暖まる感動の物語である。しかし、「私」がそれに関連づけて持ち出す過去の「父」の逸話はそれをことごとく否定する。

娘である語り手の「私」は「父」に冷たい。

「私」にとって「父」はあくまでも「暴君」である。手紙での父としての威厳や愛情、大声を上げて泣く姿はあくまでも稀であり、「かんしゃくを起こして母や子供たちに手を上げる」日常こそが「父」の本当の姿であるように語られている。日常からかけ離れていているから、「父」に対する厳しい評価へとつながっていったのかもしれない。

例えば、学童疎開先で百日ぜきを患い、帰ってきた痩せた妹の肩を抱き、声を上げて泣く父の姿は、読んでいる私たちも思わず涙がこみ上げてくるクライマックスである。しかし、それを「私」は冷静に観察するように、「父が、大人の男が声をたてて泣くのを初めて見た。」と書いている（このことについては、最後にもう一度考えることにする）。

そのような表現がこの短いテクストの中で繰り返されている。

「威厳と愛情にあふれた非の打ちどころのない父親」と「父」に対して肯定的に書きながら、その前に「かんしゃくを起こして母や子供たちに手を上げる父の姿」とふっている。

「私」に宛てた父の「手紙」の中に感じた「威厳と愛情」も、「もしかしたら、日頃気恥ずかしくて演じられない父親を、手紙の中でやってみたのかもしれない。」（傍点、鈴木）と父の行為をデモンストレーションやパフォーマンスとして疑い、その価値を意図的に落とそうとしているように見える。

ここまでくると「冷静」を通り越し、「冷淡」といってよいかも知れない。

あくまでも手紙の中での父の威厳や愛情、大声を上げて泣く姿は例外的なものと捉えられている。「私」の「父」に対する評価はあくまでも厳しい。

なぜそのような評価になるのだろうか。

かんしゃくを起こしては家族に暴力を振るう横暴で理不尽な「父」を体験したことが関係していることは間違いない。

「手紙」以外で「威厳と愛情にあふれた」姿や「優しい父の姿」を見たことがなく、「はだしで表へとび出し」「痩せた妹の肩を抱き、声をあげて泣」く「父」の姿もまた横暴で、理不尽な日常と切り離して考えることができないのである。

「私」は本当のところは、「父」が妹の肩を抱き、声をあげて泣く場面をどのように思って見ていたのだろうか。これも父のパフォーマンスと見ていたのだろうか。彼女は「父」に対して簡単に割り切れない複雑な気持ちを抱えている。その複雑さを読み取ることがこの「物語」を読み解く中核となる。

問2 父はどんな人か？――「語り手」は読者をだます――

問1で見たように、「私」は「父」を客観的に評価する立場にない。そこで、次に示すようなテクストにある「父」について語った両極端に振れる内容を「情報」として否定的な表現と肯定的な表現に分けて再構成してみることにする。

ふんどし一つで家中を歩き回り、大酒を飲み、かんしゃくを起こして母や子供たちに手を上げる父の姿はどこにもなく、威厳と愛情にあふれた非の打ちどころのない父親がそこにあった。

暴君ではあったが、反面てれ性でもあった父は、他人行儀という形でしか十三歳の娘に手紙が書けなかったのであろう。もしかしたら、日頃気恥ずかしくて演じられない父親を、手紙の中でやってみたのかもしれない。

手紙は一日に二通来ることもあり、一学期の別居期間にかなりの数になった。(……)父は六十四歳で亡くなったから、この手紙のあと、かれこれ三十年つき合ったことになるが、優しい父の姿を見せたのは、この手紙の中だけである。／この手紙も懐かしいが、最も心に残るものをと言われれば、父が宛名を書き、妹が「文面」を書いたあの葉書ということになろう。

妹が帰ってくる日、私と弟は家庭菜園のかぼちゃを全部収穫した。小さいのに手をつけると叱る父も、この日は何も言わなかった。

茶の間に座っていた父は、はだしで表へとび出した。防火用水桶の前で、痩せた妹の肩を抱き、声をあげて泣いた。私は父が、大人の男が声をたてて泣くのを初めて見た。

〈否定的な表現〉

・ふんどし一つで家中を歩き回り、大酒を飲み、かんしゃくを起こして母や子供たちに手を上げる。
・暴君であった。
・日頃気恥ずかしくて演じられない父親を、手紙の中でやってみたのかもしれない。
・てれ性。

・小さいの（かぼちゃ）に手をつけると叱る。
・父が、大人の男が声をたてて泣くのを初めて見た。

〈肯定的な表現〉

・威厳と愛情にあふれた非の打ちどころのない父親。
・優しい父の姿を見せた。
・妹の帰る日にかぼちゃをすべて収穫しても、何も言わなかった。
・はだしで表へとび出し、痩せた妹の肩を抱き、声をあげて泣く。

父に対する否定的な表現と肯定的な表現との軽重を逆転させると、当然ながら、違った父の像が見えてくる。

> 父は優しいところも見せたが、暴力的であった。……A
> 父は暴力的であったが、優しいところも見せた。……B

上のA・Bの文はそれぞれ「父は優しいところも見せた。」という文と「父は暴力的であった。」という文を逆接の接続助詞「が」で一文にまとめたものである。

接続された後の文に、書き手の「言いたいこと」が書かれている。Aでは「暴力的であったこと」が強調され、Bでは「優しいところも見せたこと」が強調される。

図式的に言えば、「字のない葉書」では、語り手の「私」は、「父」を否定的に捉えることに重きを置くAのスタンスに立っている。これを「父」に対する肯定的な表現と否定的な表現の軽重を逆転させて「父」を肯定的に捉えるBのスタンスに換えてみる。

そうすると、当然であるが、父の言動は全く異なる様相を見せる。

そこにあるのは、自分の感情をもてあます不器用な一人の「男」の姿である。大酒を飲み、かんしゃくを起こしては妻や子に手をあげ、愛情を感じさせるような素振りも見せない暴君然とした振る舞い。しかし決して妻や子に愛情がない訳ではない。それどころか豊かすぎる感情をもち、自分自身では制御できないその過剰な感情を抱えていた。その感情を適切に発露できないのである。唯一文語体の「手紙」の定型表現の中でのみ表出できる。今の私たちが書く口語体の手紙のようにほとんど約束事がない自由な表現形式とは異なる――常套句、定型の制限の多い表現様式に委ねることしか自分の感情が表現できない不器用な男である。

なぜ、彼はそのような言動をとるのだろうか、いやそのような言動しかとれないのだろうか。

戦前戦中の「男はむやみに涙を見せぬもの」といった風潮がそれを許さなかったこともあるだろう。あるいは「当時保険会社の支店長をしていた」仕事のストレスを妻子にぶつけていたのかもしれない。[*1]自分の過剰な感情に対する戸惑いを抑圧するためにまたは隠すために、無意識のうちに「暴君」という行動様式を取っていたと考えることはできないだろうか。感情を抑圧する生活を続けても、そのような感情そのものが消え去る訳ではない。感情のエネルギーというべきものがさらに蓄積されていっても不思議ではない。だから一旦その箍《たが》が外れてしまうと、「大声をあげて泣く」というように、人目も憚らず感情を爆発させることになってしまうのである。

問3 「あれから三十一年。父は亡くなり、妹も当時の父に近い年になった。だが、あの字のない葉書は、誰がどこにしまったのかそれともなくなったのか、私は一度も見ていない。」（傍点、鈴木）なぜ「だが、あの字のない葉書は、……私は一度も見ていない。」に逆接の接続詞「だが」を用いるのか。

「あの字のない葉書は、……私は一度も見ていない」という叙述が、「あれから」すなわち葉書の出来事から三十一年が経過したという時点で、逆接の接続詞「だが」で結ばれている。しかし三十一年も経てば、葉書などなくなって当然だと私たちは思う。常識から考えれば、この「だが」は成り立たない。どちらかと言えば、たとえば「だから」などの順接の接続詞でつなぐのが相応しい。「だから、あの字のない葉書は、誰がどこにしまったのかそれともなくなったのか、私は一度も見ていない。」とするのが自然である。

しかし、「私」にはここで「だが」という逆接の接続詞を用いる必然性があるのである。しかし、なぜ「だが」なのか。

話がこんがらがってきたので、例をあげて説明してみる。

逆接の接続詞は、ある中学校国語教科書では、次のように説明（定義）されている。「前に述べたこととは逆になることが後にくる。」しかし、これでは意味が通らない。

> 雨が降った。だが、野球の試合は行われた。

後にくるのが、前に述べたこととは逆になることであれば、「だが」の後には「雨は降らなかった。」が来なければならない。実際はそうはならない。

正しく次のように定義（説明）しなければならない。

「前に述べたことから当然導かれるであろうと誰もが考える結論・結果（「暗黙の了解」）とは逆の結論・結果となることが後にくる。」

この例文において、「だが」が成立するには、「雨が降ったことで、当然野球の試合は中止になる」ということが「暗黙の了解」としてあるからである。

この了解に反して、予想に反して「野球の試合は行われた」。それが逆接の接続詞「だが」の働きである（**図1**）。

図に表すと、

図1

雨が降った。

（野球の試合は中止になる）……暗黙の了解

だが ⟷ 逆接

野球の試合は行われた。

※「暗黙の了解」は表現されない。

話を「字のない葉書」に戻すことにする。

「だが」という逆接の接続詞で結ばれる「暗黙の了解」にあたるのは、「三十一年経っていても、字のない葉書は残されていなければならない」（「野球の試合は中止になる」にあたる）ということになる（**図2**）。

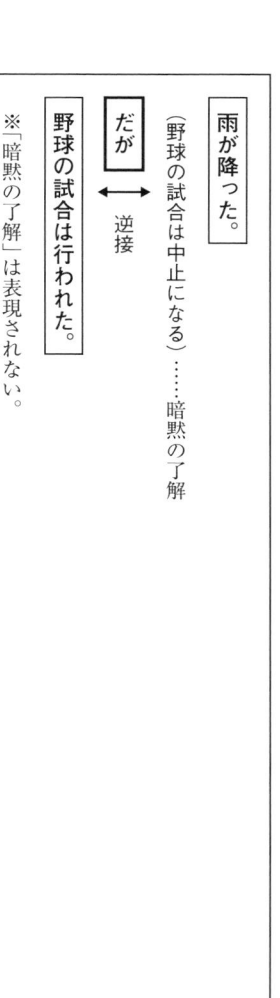

図2

三十一年が経った。

（字のない葉書は残されていなければならない。）……暗黙の了解

だが　⟷　逆接

字のない葉書は見ていない。

しかし、これは問3に述べたように私たちの常識と大きく異なっている。三十一年も経てば、字のない葉書をなくしていてもおかしくない。

だから、「三十一年経っていてもなお、字のない葉書が残されていなければならない」という暗黙の了解を納得させる理由が、このもう一つ前に必要である。

次の**図3**でいえば、点線の囲みの部分である。読み手にこの暗黙の了解を納得させる理由はなぜか省略されている。

三十一年が経った。

「三十一年が経ってもなお（葉書が残されていなければならない）」と考えて当然とする内容＝省略されている

（字のない葉書は残されていなければならない。）……暗黙の了解

図3

だが ⟷ 逆接

字のない葉書は見ていない。

その理由とはどのようなものだろうか。

それは一つしかない。

三十一年経とうが、何年経とうが、「字のない葉書」にまつわる、あの日の「父」のことは忘れようにも忘れらない大切な思い出である、ということである。「私」がテクストに鮮やかに再現しているように、まるで昨日のことのように鮮明に覚えている、ということしかあり得ない。それは「私」にとっても、当事者である「妹」にとっても同じである（二人を並列で表記していることからわかる）。

だからこそ、この忘れられない大切な思い出の中核にある「葉書」は大切に保管されてしかるべきである、となる。

テクストにこの文を補ってみる。

あれから三十一年。父はなくなり、妹も当時の父に近い年になった。『三十一年経とうが、何年経とうが、「字のない葉書」にまつわる、あの日の父のことは忘れようにも忘れらない大切な思い出である。』だが、あの字のない葉書は、誰がどこにしまったのかそれともなくなったのか、私は一度も見ていない。」（図4）

ここではじめて「だが」という逆接の接続詞で結ぶ必然性が生まれる。

図4

三十一年が経った。

「三十一年が経とうが、何年経とうが、「字のない葉書」にまつわる、あの日の父のことは忘れようにも忘れられない大切な思い出である。

（字のない葉書は残されていなければならない。）……暗黙の了解

だが ↔ 逆接

字のない葉書は見ていない。

ところで、私たちの常識と大きく食い違うのに、なぜ「私」は「字のない葉書」が残っていて当然だという肝心の理由を表現しなかったのだろうか。

それは、「私」が書く必要を感じなかったからだ。

「私」にとって、「字のない葉書」にまつわる記憶が忘れられない大切な思い出ということは、いまさら説明を挟むまでもない当然のことなのだ。当然すぎるほど当然すぎるから、自明のことだと考えているから、書いていないということである。あるいは、読み手が違和感をもつなどと考えつかないほど、「私」にとってそれほど自然なことだということである。

さて、ここでもう一度、問1の「手紙の中での父の威厳や愛情、大声をあげて泣く姿を『私』はいったいどのように受け止めているのか」に戻ることにする。

さきに、「私」にとって「父」は「暴君」であり、手紙での父の文面や大声をあげて泣く姿が、日常の「暴君」

ぶりとはあまりにかけ離れていて、素直に認められないのではないか、と書いた。

しかし、この「だが」という接続詞の用法からわかるのは、「私」がとうに「愛情あふれる父」を受け入れていたということである。少なくとも、「私」本人が意識していなくとも、無意識にはすでに「愛情あふれる父」を受け入れていたと考えられる。

「字のない葉書」にまつわる思い出について説明することなく、唐突に（と読み手には見える）接続詞「だが」を用いたことで、かえって「私」の思い出の意味を知ることができる。

父の「字のない葉書」がどれほど忘れがたいものであったかを語らなかったことが、かえって雄弁に、あの日の父のことが忘れられない大切な思い出であったことを物語っている。

さきに、「父が、大人の男が声をたてて泣くのを初めて見た。」とあるのを「私」は冷静に観察するようだ、と書いた。

「父」が声をあげて泣くに至る場面は次のようになっている。

茶の間に座っていた父は、はだしで表へとび出した。防火用水桶の前で、痩せた妹の肩を抱き、声をあげて泣いた。私は父が、大人の男が声をたてて泣くのを初めて見た。

ここには「私」の感想も感情も一切表していない。冷静に観察するように見えるのは、出来事の描写に徹していたからである。

なぜだろうか。

もしこの場面に「私」自身の感想を書いていたら、「父」を肯定することになっていたであろう。

ところで、問2で見たように「父」を肯定的に表現した場合、「私」は必ずと言ってよいように否定的な言葉を付け加えていた。

ここでも、「私」はそれに否定表現を付け加えていただろうことは容易に推測することができる。いや否定的な言葉を付け加えずにはいられなかっただろう。

しかし、「父」を肯定する気持ちを表現しないで済ますことができれば、「私」は「父」を否定しなくてもよい。

だからこそ、感情を表現することを自制できる出来事の描写だけにとどめたのではないだろうか。それが結果として冷静な観察のような印象を与えたのである。

「父」のことを表現しないことが、「父」を受け入れていたことを表現した。同様に、「父」を肯定する表現を排した「冷静な観察」もまた「父」に対する精いっぱいの肯定的な表現であったのだ。

問2で、「父」について、感情の豊かさをもて余し、素直に自分の気持ちを出せずに、かえって暴君として日常生活で振る舞っていたのではないか、という異なる人物像を提示した。こうして「私」の、「父」についての表現を具《つぶさ》に見てみると、「私」も「父」と同じように、素直に自分の感情を出せていなかったことがわかる。

この父と娘はとてもよく似ている。

◉注

＊1　この記述は、冒頭近くにある。

当時保険会社の支店長をしていたが、一点一画もおろそかにしない大ぶりの筆で、／「向田邦子殿」／と書かれた表書きを初めて見たときは、ひどくびっくりした。

「保険会社の支店長をしていた」ことと「一点一画もおろそかにしない大ぶりの筆で」という筆跡との間には何の関連性

も見られない。表書きを初めて見た驚きにも関わりはない。奇妙なことに、このテクストのどの逸話にも関連性が考えられるものは、ない。この記述がなされるのは、推測でしかないが、大酒を飲み、かんしゃくを起こして妻子に手を上げる「父」の日常を「私」は決して容認する（受け入れて許す）ことはなかったが、その原因を「保険会社の支店長をしていた」激務からだと無意識のうちに受容していた（受け入れていた）からではないか。だから何の脈絡もなくても書かずにはいられなかった。当然のことであるから誰もがわかっていると思って「字のない葉書」が残されるべき理由を書かなかったのと同じように、当然のことであるから皆に知ってもらおうと思って「父」の日常の原因を書いたのである。

4 「トロッコ」芥川龍之介

――やぶの暗い道は永遠に繰り返す

中学一年

問1 なぜ物語「トロッコ」は暗いのか。

「トロッコ」は七つの場面に分けることができる。冒頭の第一場面を除いてすべての場面が暗い色調を帯びている。それは良平の孤独感や不安、恐怖などから来るものであるが、憧れの「トロッコ」に乗ることができた喜びや、甘い思い出として回想されてしかるべき暗い夜道を一人で駆け抜けてきた後に母に体を抱えられて泣いたことがその場面に描かれていても例外とはならない。「トロッコ」という物語が暗い色調を帯びているのはそのためである（**図1**）。

図式的に、夢や憧れ、喜びを「明」と表し、その反対の、不安や絶望、悲しみ、恐怖、疲労感を「暗」と表すことにする。

第一場面は、「乗れないまでも、押すことさえできたら」というトロッコへの憧れ。すなわち「明」。

第二場面は、弟たちとトロッコを押したり、乗ったりして「明」であるが、土工に見つかり「このやろう！誰に断ってトロに触った？」と怒鳴られて「暗」。すなわち「明」から「暗」へ。

第三場面は、土工と一緒にトロッコを押し、乗ることができたので「明」。しかし「広々と薄ら寒い海が開け」、あまりに遠くに来すぎたことを感じたので「暗」。すなわち「明」から「暗」へ。

第四場面は、土工たちが帰る気配を見せず、不安に駆られて「暗」。さらに思いもせぬ最後の一言「われはもう帰んな。」で「暗」。すなわち「暗」から「暗」へ。

第五場面は、来た道をたった一人で歩いて帰らなければという不安に、日が陰り景色が異なる不安が重なり「命さえ助かれば」とだけ願う。すなわち「暗」から「暗」へ。

第六場面は、やっと村にたどり着き、母に抱えられたが、「あの遠い道を駆け通してきた、今までの心細さを振り返ると、いくら大声に泣き続けても、足りない気持ちに迫られ」ているから「暗」。生きて帰り着いたという良平の安堵感が前面に表現されていてもよいはずなのに、そうはならない。また母に抱えられている経験については取り立てて表現されていない。それが表現されていれば「暗」から「明」への転換となるのだが、そうはなっていない。

第七場面は、塵労に疲れた日々を送っているから「暗」と表現できる。しかし、東京に出てくる前には良平に小説家として成功するという夢を抱かせ、上京を決意させる成功体験があった。そのような「明」の経験があったはずだが、一切書かれていない。


第一場面は、例外的にトロッコへの憧れが描かれているために「明」であるが、その他の場面はすべて「暗」の印象が残る。第二場面や第三場面は「明」の要素があるのに、場面の最後が「暗」で終わっている。第四場面と第五場面は「暗」がどんどんエスカレートしていく過程である。そして第六場面は、八歳のトロッコ体験だけならば、ここで物語は閉じられることになる。*1 そうであれば「命が助かった」という安堵感と母に抱えられたという甘い思い出が強調されることになっただろう。

なぜこのように「暗」の部分だけを強調するように思い出すのか。

第一場面から第六場面までの八歳の記憶は、第七場面の塵労に疲れた「暗」の「今」現在から思い出される記憶だからである。本来語られてよいはずの「明」の部分が「明」とは認識されていない。「暗」である「今」現在から思い出される八歳の記憶はすべて「暗」に覆われているのである。

問2　なぜ「良平」は八歳のトロッコ体験を思い出すのか。

この物語の語りの構造は、「二十六の年、妻子と一緒に東京へ出てきた」以降の、雑誌社で校正係を務めている「良平」を視点人物として回想を語るというものである。したがって、語りは公平無私とはならない。語っている時点での「良平」の心理状態が色濃く反映されている。そもそも、何かを思い出し語るという営み自体がすでに語っている時の心理状態と何らかの関係がある。そこで語っている時点である「今」の良平の心理状態を分析していくことにする。

良平は二十六の年、妻子と一緒に東京へ出てきた。今ではある雑誌社の二階に、校正の朱筆を握っている。が、彼はどうかすると、全然なんの理由もないのに、そのときの彼を思い出すことがある。全然なんの理由もないのに？――塵労に疲れた彼の前には今でもやはりそのときのように、薄暗いやぶや坂のある道が、細々と一筋断続している。…………

最終場面にして初めて良平に妻子があること、雑誌社の校正係をしていることが語られる。その校正をしている時に、八歳のトロッコ体験を思い出していることがわかる。しかも今回だけではなく「全然なんの理由もないのに、そのときの彼を思い出すことがある。」というように度々思い出していることがわかる。

「二十六の年、妻子と一緒に東京へ出てきた。」ことから、以下のことが推測される。

二十六歳は当時では決して若くはない。しかも妻子もいるわけだから、おそらく郷里では職に就いていたはずである。「妻子と一緒に東京へ出てきた。」ということであるから、単身赴任というのではなく、郷里での職を辞したことになる。この上京は夢の実現のためであり、そのために退路を断ったということであろう。良平の夢とは何か。雑誌社の校正係という職が彼の夢だったとは考えにくい。現に「今ではある雑誌社の二階に、校正の朱筆を握っている。」とあるように「今では」ということからいくつか職を変えてきたことがわかる。紆余曲折を経てたどり着いたのが「校正係」という現在の職であった。「校正係」という現在の職から考えると彼の夢は「小説

図1「今」から回想する　思い出を歪曲する

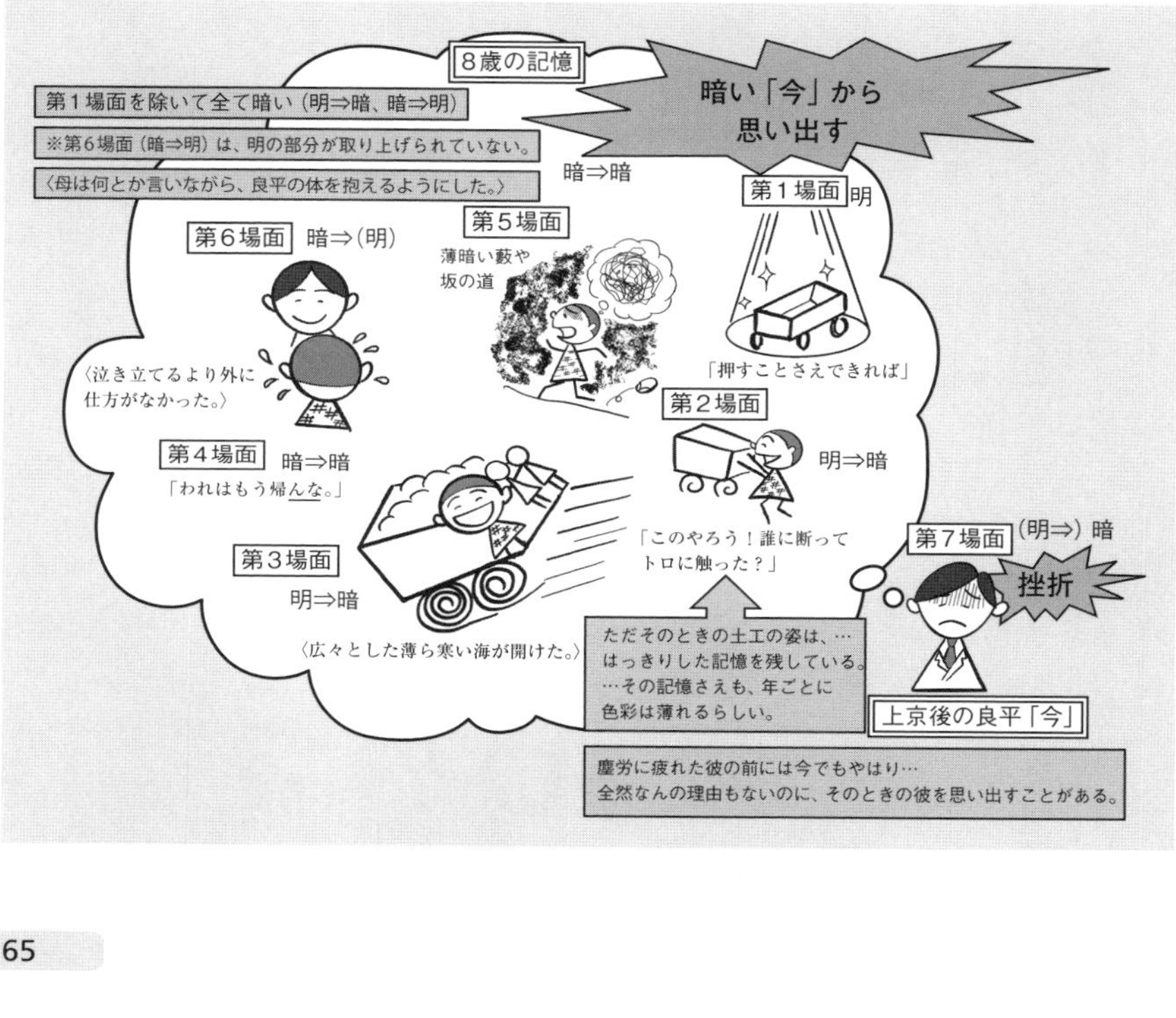

家」であった。自分に小説家としての才能があると信じていても、いきなり小説家を目指して上京してきたとは考えづらい。おそらく小説家を志すきっかけに、郷里で書いた小説が東京の出版社に認められるような経験があったはずである。それに自信を得て小説家としての成功を夢見て妻子とともに上京したということだろう。しかし夢は叶わなかった。夢を断念して郷里に戻ろうとしても郷里を整理してきたので、それも叶わない。妻子を養わなければならない。不本意ながら東京にとどまり、小説家を目指していた頃のつてを頼って出版社の校正係の職を得て「今」に至ったと考えるのが妥当であろう。

「校正係」は、小説家と比べて華やかとは言えないが、待遇面、給与面でも安定していた職業だったようである。[*2] しかし、良平にとって上京した理由が小説家となって成功することであるならば、校正係はあくまでも妻子を養うための糧でしかない。しかも「校正係」という職に就いたことで、おそらく他人の書いた小説の校正をする機会もあったかもしれない。「本来なら小説家であったはずの自分の原稿が誰かの手によって校正されていたはずなのに」という思いがよぎったこともあっただろう。それも不本意であったに違いない。退路を断っての二十六歳という年齢からの小説家デビューを目指していたということは、相当の自信と覚悟があったはずである。それを断念した彼は「今」大きな挫折感と虚無感の中にある。良平の「今」の生活は安定したものであったものの、それは彼が描いた人生ではなかった。これからもこのままの生活が続くのか。塵労に疲れた生活の先に何があるのか――そんな思いが去来するのである。

「塵労」をきっかけに八歳のトロッコ体験を思い出す

が、彼はどうかすると、全然なんの理由もないのに、そのときの彼を思い出すことがある。全然なんの理由もないのに？――塵労に疲れた彼の前には今でもやはりそのときのように、薄暗いやぶや坂のある道が、細々と一筋断続している。…………

「塵労」をきっかけにして八歳のトロッコ体験を思い出す。

「塵労」とは「俗世間でのわずらわしい苦労」（『明鏡国語辞典』）とある。職場での人間関係、仕事上の煩わしさ、隣人との煩わしさ、あるいは家族との煩わしさも含まれるかもしれない。そんな塵労に疲れたとき、それがきっかけとなって思い出すのである。

「どうかすると、全然なんの理由もないのに、」と述べた後、「全然なんの理由もないのに？」とその言葉を繰り返して、疑問を挟む。形式上は疑問ではあるが、これは前言の否定である。つまり理由はあるということである。しかし、明確にこれが理由だと呈示することはできない。しかし思い出した後の記憶をたどってみると残心のように何かがある。

それが「今」の心理と八歳のトロッコ体験の心理の類似である。将来の展望が見出せず塵労に疲れた日常を送る「今」の不安と、八歳の時の、暗がりのやぶの坂道をたどり着くかどうかもわからず「命さえ助かれば」と念じながら一人で駆け続けた不安とに、彼は同質の心理状態を感じ取っているのである。だから、「今」の良平の脳裏に、塵労をきっかけとして八歳の時のあの光景が浮かんでくるのである。物語の大半を占めている八歳のこのトロッコの体験は、先に見たように母の胸に抱かれた甘く懐かしい思い出であってもよいはずである。しかし、塵労の中にあって将来の展望が持てない「今」の良平には、「今」と共通している不安の記憶としてしか想起されない。「今」の心境が過去の記憶を歪曲しているのである。

物語の冒頭近くにトロッコに触ったことで良平らが土工に怒鳴られる場面がある。その場面に続けて、物語を語っている「今」から、それについての感想が挿入される。

ただそのときの土工の姿は、今でも良平の頭のどこかに、はっきりした記憶を残している。薄明かりの中にほのめいた、小さい黄色い麦わら帽、――しかしその記憶さえも、年ごとに色彩は薄れるらしい。

この箇所に読者は違和感を感じる。それもそのはず、この挿入は、読者に違和感を感じさせることで、八歳の時のトロッコの経験が独立した一つの物語ではなく、上京後の「今」の心理状態を反映した回想であることを強く印象づけるための仕掛けである。言ってみれば「くさび」なのだ。

図2 物語の構造　繰り返される八歳の記憶

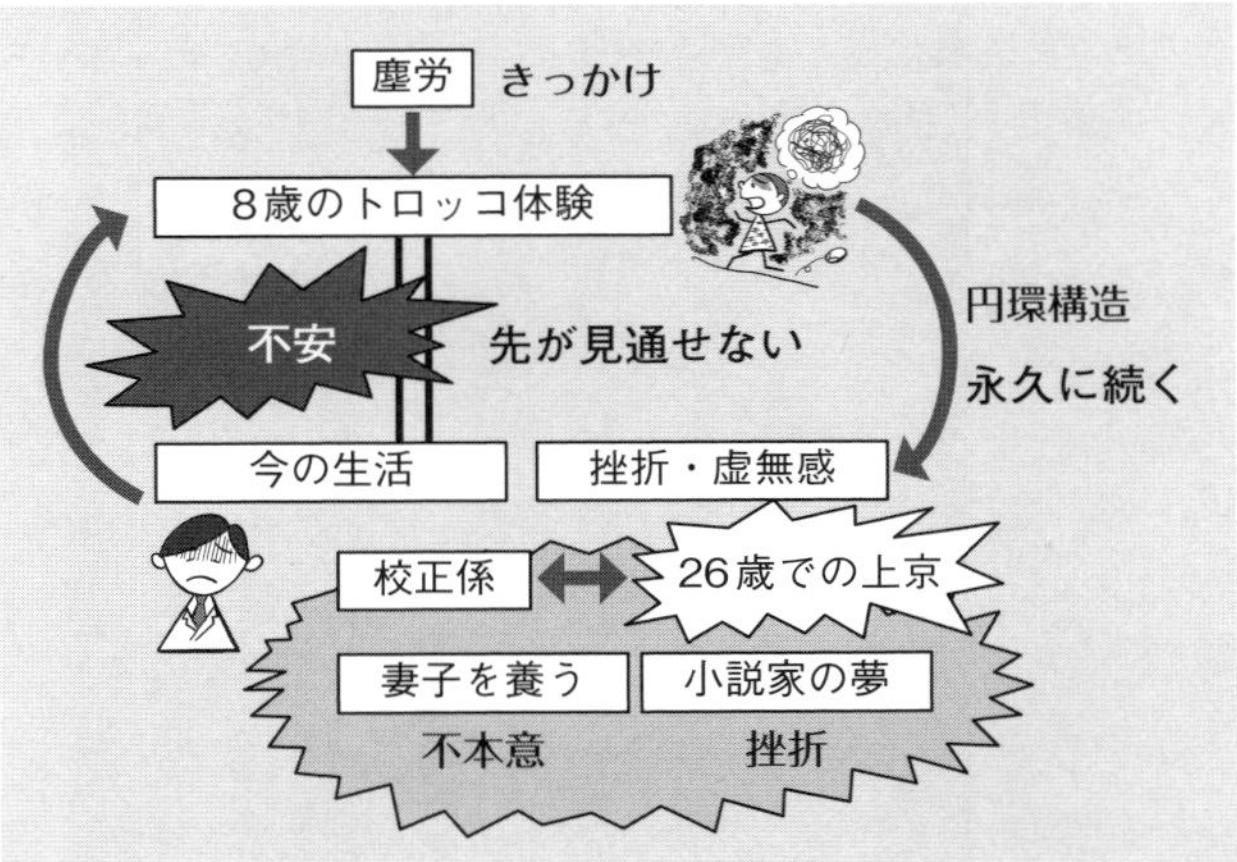

塵労
きっかけ
8歳のトロッコ体験
円環構造
永久に続く
不安
先が見通せない
今の生活
挫折・虚無感
校正係
26歳での上京
妻子を養う
小説家の夢
不本意
挫折

問3 最後の場面が二つの「………」によって挟むように表記されているのはなぜか。

あの遠い道を駆け通してきた、今までの心細さを振り返ると、いくら大声に泣き続けても、足りない気持ちに迫られながら、…………

良平は二十六の年、妻子と一緒に東京へ出てきた。今ではある雑誌社の二階に、校正の朱筆を握っている。が、彼はどうかすると、全然なんの理由もないのに、そのときの彼を思い出すことがある。全然なんの理由もないのに？――塵労に疲れた彼の前には今でもやはりそのときのように、薄暗いやぶや坂のある道が、細々と一筋断続している。…………

（傍線、鈴木）

この二つの「…………」は、意図的な表現であることがわかるように視覚的な効果を狙っている。

先の「、…………」で八歳の終わりの、母に抱えられ泣きたてる場面が塵労に疲れ将来への不安を抱いている「今」につながっていく。また、後の「。…………」によってその「今」から八歳の思い出の要約の役割を果たしている「彼の前には今でもやはりその時のように、薄暗いやぶや坂のある道が、細々と一筋断続している」という一文がそこからぐるっと回って、弟たちとのトロッコの体験が描かれた冒頭の場面に戻る。つまり次のようになる。

が、彼はどうかすると、全然なんの理由もないのに、そのときの彼を思い出すことがある。全然なんの理由もないのに？――塵労に疲れた彼の前には今でもやはりそのときのように、薄暗いやぶや坂のある道が、細々と一筋断続している。…………

小田原・熱海間に、軽便鉄道敷設の工事が始まったのは、良平の八つの年だった。良平は毎日村外れへ、その工事を見物に行った。工事を――といったところが、ただトロッコで土を運搬する――それがおもしろさに見にいったのである。

最後の場面〈ある雑誌社の二階に朱筆を握るようになった良平が、八歳の、細々と一筋断続している薄暗いやぶや坂のある道を思い浮かべる〉場面が二つの「…………」を介して、八歳のトロッコ体験が、将来の展望が持てない不安にある「今」へ接続され、「今」脳裏に浮かんだ八歳の風景が冒頭の場面へとリンクする円環構造になっているのである。八歳の終わりの、母に抱えられ泣きたてる場面が「、…………」で塵労に疲れた「今」につながっていく。再び八歳の終わりの場面まで進んで、また「今」へ――これが永久に繰り返されていく。良平の心の中の、先の見通せない薄暗いやぶや坂のある道には終わりがない。

図3 円環構造

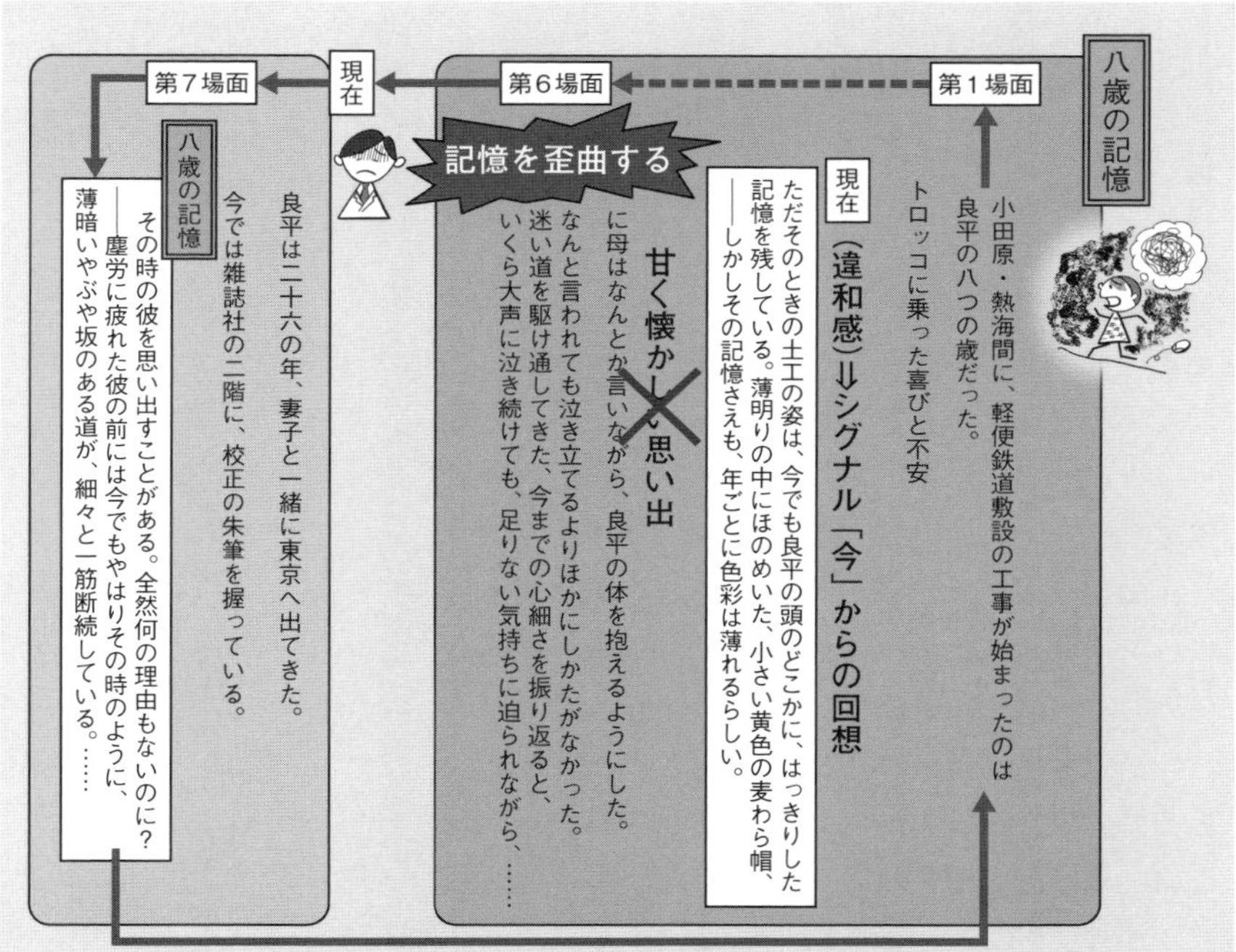

◉注

＊1 石井茂「芥川龍之介の小説『トロッコ』の基礎的研究」は、「トロッコ」の素材提供者を熱海出身の力石平蔵（平三とも）と同定し、彼の経歴を明らかにするとともに、芥川の「トロッコ」と力石が提供した素材と相違を平蔵の「永久に俺のぢゃ無うなった」という不満の声を切り口として考察している。「末尾の場面を芥川が加筆した」という仮定から、結論「平蔵の『トロッコ』の素材が多彩な感情に彩られた少年の思い出が灰色の現実の人生の虚無的な色合いの濃いものになり変わったことに『永久に俺のぢゃ無うなった』という不満を述べた」を導き出している。したがって力石が提供した素材は第六場面で終わっていたと考えられる。テクストがいかなる経緯で成立したかは興味深いが、しかし「テクスト分析」にはまったく関係ないことである。

＊2 大正期に「専任の校正係は相当の印刷所、書店、雑誌新聞社以外いないから、全国を通じて、ほぼ八千人くらいと推定される。そして、就業時間は平均九時間、給料は平均印刷所で六七千円、新聞社七八千円というところであろう。」（レファレンス協同データベース）

中学一年

5 「少年の日の思い出」ヘルマン＝ヘッセ〔訳〕高橋健二

――「少年の日」は「僕」を苦しめ続ける

問1 なぜ「僕」は自分の収集である「チョウを一つ一つ取り出し、こなごなに押し潰してしまった」のか。

教科書に準拠したあるワークブックでは、それを「償いができないことをしてしまった自分を罰する気持ち」「苦しみの原因となり、罪をおかすもととなったチョウとは、永遠に別れようという気持ち」とある。また別のワークブックには「もう、チョウの収集はやめよう。自分が犯したこの罪は、もう償いができないのだ。自分で自分を罰するしかない。」という考えから行ったとしている。チョウをこなごなに押し潰したのは、いずれも「自らを罰するため」、つまり自己処罰がその動機となっている。果たしてそうだろうか。

「自らを罰する」というのは強い意志を伴う行為である。つまり表現上にもそれが前景化されなければならない。したがって「押し潰してしまった。」ではなく、「押し潰したのだ。」と表現するか、少なくとも「押し潰した。」でなければならない。決して「押し潰してしまった。」とはならない。なぜなら「押し潰してしまった。」は、後悔の気持ちが表れているからである。

それでも「押し潰してしまった」のは、自己処罰だとすることは可能だろうか。例えば、自らを罰する行為としてチョウを押しつぶした直後はそうでもなかったが、時が経つにつれて自分の大切にしていたチョウを壊したことに対する後悔の念が沸いてきたというのはどうだろうか。しかし、この考えにも与することはできない。

罰とは本来、犯した行為の代償として、その当事者に何らかの肉体的あるいは精神的に苦痛を与えることである。苦痛を感じるからこそ罰になる。

それでいうと、エーミールが所有していたクジャクヤママユを盗み出し、それを直すよしもなく復元できないまで損壊した償いとして「僕」が自分の収集したチョウを一つ一つ壊すという罰を選んだということになる。そのことで「僕」は精神的な苦痛を感じたのなら、罰として機能したということである。この精神的な苦痛が生じたことが「後悔」であってはならない。かりに後悔するとすれば、それはエーミールのチョウを壊したという愚かな行為に対して、自分の収集したチョウを壊したくらいでは償えていないという後悔だけである。ところが、「押し潰してしまった」には明らかにその行為に対する「後悔」が読み取れるから、自己処罰にはなりえない。

それでは自己処罰でなければ、「僕」の「自分のチョウを押し潰した」という行為は何を意味するのか。

それは、エーミールから受けた屈辱とそのやり場のない鬱々とした怒りの表出である。

「僕」が、エーミールのクジャクヤママユを修復不可能なまで損壊したことを告白した時、エーミールは、怒りの感情に駆られて「激したり、僕をどなりつけたりなどはしないで」冷静に対応した。まさに「非の打ちどころがない」態度であった。

（……）低く、ちえっと舌を鳴らし、しばらくじっと僕を見つめていたが、それから「そうか、そうか、つまり君はそんなやつなんだな。」と言った。／僕は彼に僕のおもちゃをみんなやると言った。

この時の「僕」の心理を類推してみることにする。

もしエーミールが怒りにかられて、声を荒げたり、「僕」を面罵したら「僕」はどれだけ救われただろう。損壊したクジャクヤママユの代わりに「僕」のおもちゃやチョウを要求したら、エーミールが感情的になっている姿を垣間見ることができたら、どれだけ救われただろうか。しかし、エーミールはただ「低く、ちえっと舌を鳴らし、しばらくじっと僕を見つめていた」だけだった。低い「ちえっ」という舌打ち、じっと見つめられている時間はおそらく一分もなかったであろうが、「僕」にとっては耐えられない長い時間であったであろう。「そうか、そうか、つまり君はそんなやつなんだな。」の「そんなやつ」に至っては全人格が否定されている。「僕」がエーミールに勝るとも劣らない程クジャクヤママユに対する美を理解し、熱情を持っていたことも、それを損ねたことにどれ程心を苦しめたかも、「詳しく話し、説明しようと試みた」が門前払い。

それでも彼は冷淡にかまえ、依然僕をただ軽蔑的に見つめていたので、僕は自分のチョウの収集を全部やると言った。しかし彼は、「けっこうだよ。僕は君の集めたやつはもう知っている。そのうえ、今日また、君がチョウをどんなに取り扱っているか、ということを見ることができたさ。」と言った。

依然軽蔑的に見つめていたので、「僕」は意を決して自分の熱情を傾けた収集を差し出すことを申し出る。しかしエーミールの反応は、二年前の収集で判断し、その価値を認めない。選りに選って「僕」自身も「心を苦しめ」ている美しいチョウの損壊を持ち出し、「僕」の「チョウの扱い」を侮辱する。「僕」の忍耐は限界に達し「僕はすんでのところであいつの喉笛に飛びかかるところ」だった。どうにか思いとどまることができたが、「もうどうにもしようがなかった。僕は悪漢だということに決まってしまい、エーミールはまるで世界のおきてを代表でもするかのように、冷然と、正義を盾に、あなどるように、僕の前に立っていた。彼は罵りさえしなかった。ただ僕を眺めて、軽蔑していた」のであった。

家に帰っても屈辱を受けた鬱々とした怒りは収まらない。それをエーミールに向けることはできない。理由はどうであれクジャクヤママユを損壊したのは他ならぬ自分であり、彼に何を言われようと耐えるしかない。その負の情動が向かう先は自分しかない。だから「僕」は、鬱々とした怒りを自分のチョウを一つ一つ指でこなごなにするという、これもまた陰鬱な行為に転換するしかなかったのである。

ところで「チョウを一つ一つ取り出し、指でこなごなに押し潰してしまった。」という後悔の念を表す表現はどこから来るのだろうか。

「僕」がエーミールの喉笛に飛びかかろうとするまでに激したのは、クジャクヤママユを損傷させたことで「チョウの扱い」が侮辱された時だった。今「僕」がしている「自分のチョウを一つ一つ指でこなごなにする」という行為は、エーミールの指摘そのものである。激しく反発していたのにもかかわらず、結果としてエーミールの言葉どおりに、まるでエーミールの予言に従うように「僕」は自ら進んでそんな行為をしてしまった。あたかも夏の夜、チョウが炎の明るさに魅せられて、自らがその炎に身を投じるように。「僕」が「こなごなに押し潰してしまった。」という言葉にその後悔があったのではないだろうか。

問2 ここまで「僕」が自分のチョウをこなごなに押し潰した理由を「僕」の視点から読み解いてきたが、エーミールが、このクジャクヤママユの事件で「僕」に対して取った態度は十二、三歳と思えない、自制された褒められるべきものであった。彼が激したり、どなったりしなかったことで、「僕」が「悪漢だということに決まってしま」ったと彼を非難しているのはなぜだろうか。

結論を先に言えば、「僕」のエーミールに対する「劣等感」(正確には「劣等感コンプレックス」であるが、煩雑さを避けるため以下「劣等感」）である。

ところで「劣等感」とは自分が相手より劣っていることを認めていることではない。

はっきりと劣等であると認識できた場合、それは問題でもなく、コンプレックスでもない。このような意味で劣等感コンプレックスは、優越感も必ずその中に混入させているものだといっていい。（……）言語化し得ない感情を味わう筈である。それが複雑で解らないから、いらいらもするし、しなくてもよいことをしてみせたりする。自我にある程度意識されるのは、その劣等感の方であるが、そこに優越感が微妙にいりくんでいるところが、コンプレックスのコンプレックスたるゆえんである。

河合隼雄『コンプレックス』（六〇頁、岩波新書青版八〇八、二〇一七年、第六五刷）

「僕」とエーミールとでは明らかに差がある。「僕」はエーミールに対して「非の打ちどころがない」「あらゆる点で模範少年」と言って自分との差を自覚している。その差を自覚しながらもそれを「劣等である」と認識できていない。「僕」はそれを「非の打ちどころがないという悪徳」「子供としては二倍も気味悪い性質」という非常に屈折した受け止めをしている。その差がわからないからではない。事実としてその差を認識できてもその差を認めようとしない、認めらないから、相手と競い合うことになる。実際には歴然とした差があっても、自分の感覚では、相手との差は追いつくことが可能な差と思っている。しかし、実際には優越することはないのだが、本人は、追いつけるはずなのに追いつけない、埋まるはずなのに埋まらないと感じている。だから焦りやいらだちを感じる。そこから生まれる焦りやいらだちは押さえ続けることはできない。必ずどこかに矛先を向けて出現する。それが自己に向かう場合は「自己嫌悪」となり、特定の他者に向かうとき「憎悪」となる。その他者がエーミールである。

その象徴的な表現が「とにかく、あらゆる点で、模範少年だった。そのため、僕は妬み、嘆賞しながら彼を憎んでいた」である。「模範少年」と「妬み」、「嘆賞」と「憎しみ」。彼に対するアンビバレントな感情こそが「劣等感」である。

このように「僕」がエーミールとの差を認められないのは、彼が自己のアイデンティティを脅かす存在だからである。

当時「僕」が最も「熱情」を注いだのがチョウの収集であり、それが当時の「僕」のアイデンティティの拠り所であった。そこにエーミールはいた。そのチョウ収集でエーミールと「僕」は競合しているため、「僕」はエーミールとの差を受け入れるわけにはいかない。「僕」にとってチョウの収集は単なる遊びや趣味ではなかった。「十歳ぐらいになった二度めの夏には、僕は全くこの遊戯のとりこになり、ひどく心を打ち込」み、「二年たって、僕たちは、もう大きな少年になっていたが、僕の熱情はまだ絶頂にあった」。それは、二十数年後の成人した今でさえ、「その緊張と歓喜ときたら、なかった。そうした微妙な喜びと、激しい欲望との入り交じった気持ちは、その後、そうたびたび感じたことはなかった。」と回想するほど、チョウの収集に明け暮れた少年の日は「僕」の人生の中でも特別な日々であったのだ。しかも、エーミールは「中庭の向こうに住んでいて「僕」とは生活圏を共有している。もちろん学校も同じとなれば、物語の背景には二人が少年期の大半を共有している事実がある。つまり「僕」もエーミールも何かにつけて互いを意識しないわけにはいかないのである。

物語は、十歳の「僕」の自慢の青いコムラサキの収集をエーミールに酷評された事件と、それを伏線に十二、三歳頃の「僕」がエーミールのクジャクヤママユを盗み出し損壊した事件の二つが中心となっている。

この二つの事件をエーミールに対する「僕」の「劣等感」という観点から見直すと次のようになる。

十歳当時、すでにエーミールは「非常に難しい珍しい技術を心得」ており、彼の収集は「こぎれいなのと、手入れの正確な点で一つの宝石のようなものになっていた」が、「小さく貧弱だった」という欠点を持っていた。

だから、「僕」は技術ではなく、「僕らのところでは珍しい青いコムラサキ」という収集の希少性で「優越感」を得ようとエーミールに挑んだ。しかし、結局は「足が二本欠けているという、もっともな欠陥を発見」され、「こっぴどい批評家のため、自分の獲物に対する喜びはかなり傷つけられ」ることになり、「二度と彼に獲物を見せな」くなってしまう。明らかな「僕」の敗北であり、「劣等感」は募る。

さらにその二年後、その名を聞くだけで興奮させる不思議なチョウ、僕らの憧れの的であるクジャクヤママユをエーミールが「さなぎからかえし」て持っているという噂を「僕」は聞く。すでに難しく困難な技術をもっていたエーミールがさらにこのクジャクヤママユを所持したことになる。しかもさなぎからかえしたということは、エーミールがチョウ収集における卓越した技術と収集の希少性という二つの頂点を極めたことを意味する。ここにおいて「僕」とエーミールの優劣は完全に決したのである。それが自覚できずにクジャクヤママユの実物を見たいという欲望に負け、「僕」はついにエーミールの家に侵入に及び、それを盗み、損壊したのである。そこに弁解の余地はない。「僕」の劣等は決定的となった。それでも「僕」の身勝手な言い訳を一蹴したエーミールの方が「悪徳」だと主張する。それが彼の「劣等感」なのである。

このような執拗な「劣等感」を語っているのは、この事件から二十近く経った成人した「僕」なのである。*1

第一場面が果たす役割

問3 第一場面は、第二場面の少年「僕」の二十年近く後の、ある日のひとときを描いた短い場面である。第二場面だけでこの物語は成立するのに、なぜ第一場面が必要なのか。

二場面構成の第一場面の役割は、〈少年の日の思い出〉が二十年近く経った今でもまともに向き合えないほど根深い不快な記憶であることを示し、胸の奥に封印されていた本来なら他人に語れるはずのないエーミールの思い出を「客」に語らせることにある。それ故、第二場面の「少年の日の思い出」を語る語りは、一人称の語りである「僕」が「読み手」に語るのではなく、第一場面の語り手の「私」が、「客」（第二場面の「僕」以下、「僕＝客」と表記する）が本来他人に語れない〈少年の日の思い出〉を忠実に再現して「読み手」に語るという複雑な構造になっている（**図1**）。つまり第一場面と第二場面とも「私」の語りであり、ともに現在である。[*2]

物語の最後の場面で「僕＝客」がチョウをこなごなにする行為は、エーミールから受けた屈辱に対するやり場のない悔しさを込める鬱々とした陰気な行為であった。この行為が、自己処罰や少年の日との訣別でないことは、二十年近く経った現在に至ってもチョウをまともに見ることができない（「君の収集をよく見なかった」）ということからもわかる。[*3] また自らの手でチョウを潰す行為も「潰してしまった。」（傍点、鈴木）と後悔の表出となっている。二十年前の事件であっても心の整理はついていないのだ。

なぜ「僕＝客」が「私」に語ったように、「私」はそれを忠実に再現して「読み手」に語るような語りの構造を採用するのか。迂回せずに、〈少年の日の思い出〉を「僕＝客」が直接「読み手」に語るテクストを採用しないのか。

封印していた思い出を「僕」が語る仕掛け

「私」のチョウの収集を見せられた時の「僕＝客」の反応である。

「子供ができてから、自分の幼年時代のいろいろの習慣や楽しみごとがまたよみがえってきたよ。それどころか、一年前から、僕はまた、チョウ集めをやっているよ。お目にかけようか。」と、私は言った。／彼が見せてほしいと言ったので、私は収集の入っている軽い厚紙の箱を取りにいった。／（……）／友人は一つのチョウを、ピンのついたまま、箱の中から用心深く取り出し、羽の裏側を見た。／「妙なものだ。チョウを見るくらい、幼年時代の思い出を強くそそられるものはない。僕は小さい少年の頃、熱情的な収集家だったものだ。」と彼は言った。／そしてチョウをまた元の場所に刺し、箱の蓋を閉じて、「もう、けっこう。」と言った。／その思い出が不愉快ででもあるかのように、彼は口早にそう言った。

「僕＝客」が、書斎の主である「私」のチョウの標本を見ることになったのは、「僕＝客」が「見せてほしいと言った」からである。テクストからはそう読み取れるが、彼の本心ではない。本心では彼はチョウの標本などを見たくはなかったのだ。

チョウの標本を見るようになった経緯を確認する。

（1）「私」の末の男の子が「おやすみ」を言いに来たことで、話題が自然に自分たちの子供のことや自分の幼い日の思い出話になった。

（2）その会話の流れで、「私」からチョウの収集の話が持ち出された。

（3）「私」が「チョウ集めをやっているよ。お目にかけようか。」と「僕＝客」に申し出る。

（4）この申し出を受けて、「僕＝客」は「見せてほしい」と言った。

（5）「私」が標本箱を取りに行き、「僕＝客」に見せる。

（6）「僕＝客」は一つのチョウを取り出して見るが、情熱的なチョウの収集家であった思い出が「不愉快ででもあるかのように」、彼は口早に「もう、けっこう。」と言って標本箱を返す。

「僕＝客」本人も「悪く思わないでくれ」「君の収集をよく見なかったけれど」と認めているように「私」のチョウの標本をよく見ていなかった。真相は、「見ていなかった」のではなく「見ることができなかった」のだ。

「僕＝客」にとって、チョウの収集にまつわる思い出は、「私」にも「その思い出が不愉快ででもあるかのように」と感じられたとおり、確かに不愉快であり、これ以上見るに堪えなかった。だから彼は口早に「もう、けっこう。」と言ったのである。

では、見たくないものをなぜ「見せてほしい」と言ったのだろうか。

「一年前から、僕はまた、チョウ集めをやっているよ。お目にかけようか。」という「私」から申し出があって、それを受けて、「僕＝客」は「見せてほしいと言った」のである。

「お目にかけようか」という「私」の言葉に「私」が作製したチョウの収集に自信があり、それを「僕＝客」に自慢したいという気持ちが感じ取れる。それを察して「僕＝客」は「見せてほしいと言った」のであって「私」に対する気遣いである。あるいは、もしかしたら少年の忌まわしい思い出から自由になったかを試してみようという気になったのかも知れない。いずれにせよ、きっかけは「私」への気遣いである。

二人の関係を気まずくしたくなければ、彼にその言葉を拒否するという選択肢はない。つまり「私」の収集を「見せてほしいと言った」のは、あくまでも大人としての対応

図1 語りの構造

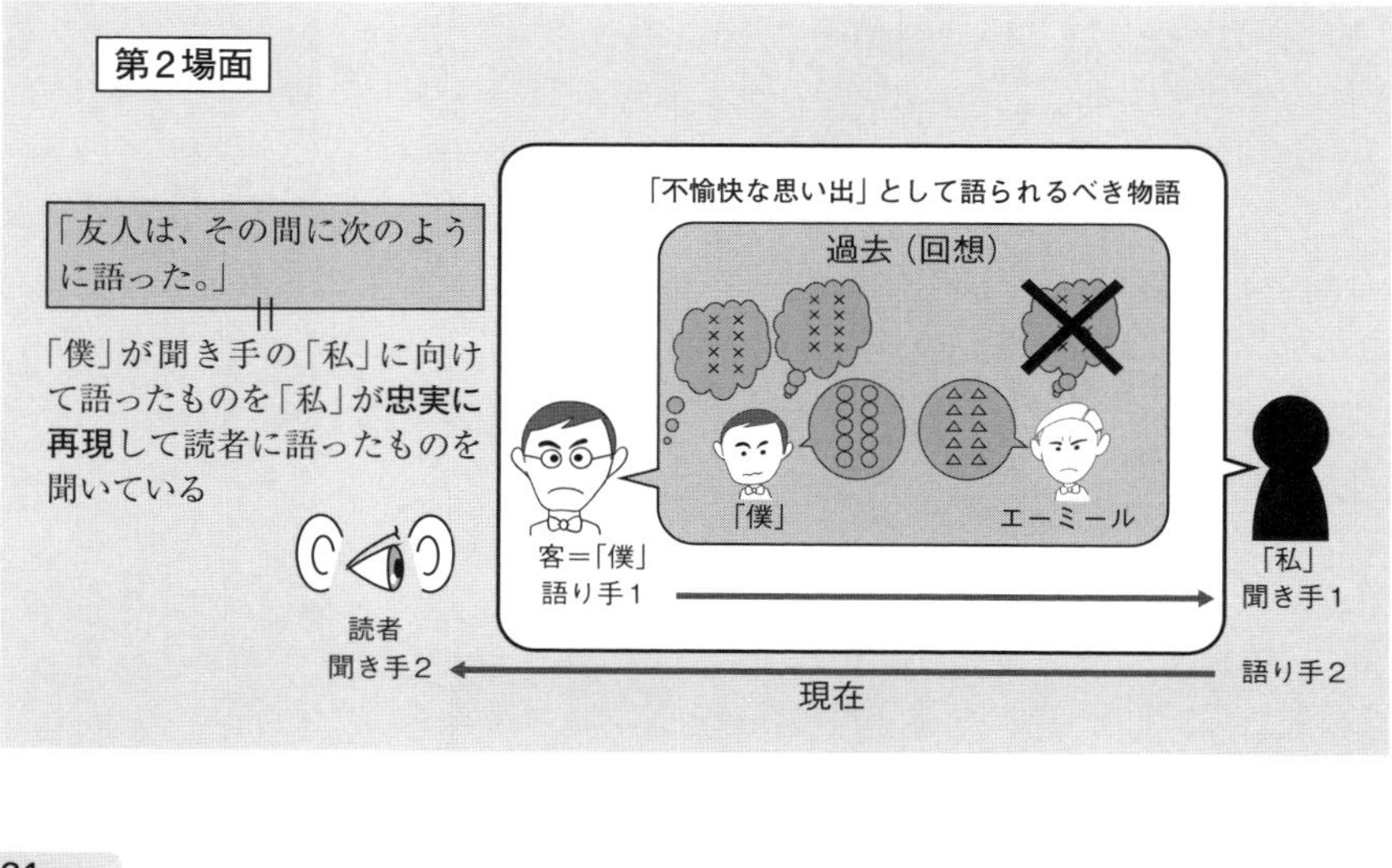

第2場面
「友人は、その間に次のように語った。」
＝
「僕」が聞き手の「私」に向けて語ったものを「私」が忠実に再現して読者に語ったものを聞いている
「不愉快な思い出」として語られるべき物語
過去（回想）
「僕」
エーミール
客＝「僕」
語り手1
「私」
聞き手1
読者
聞き手2
語り手2
現在

であり、極言すれば、二人の関係を円滑にするための社交辞令である。

ここまでの「僕＝客」の反応は、彼にとって〈少年の日の思い出〉がどのような性質のものであるかを示唆している。

一つめは、〈少年の日の思い出〉は「僕＝客」にとって二十年近く経った今でも直視できないほど不愉快な思い出である、ということ。したがって、二つめは、この思い出は到底自分から他人に話せるような思い出ではなかった、ということである。

二十年近く経った今でも「僕＝客」は当時のことを引きずっていて、不愉快さは癒えている様子はない。「私」のチョウの標本がまともに見られなかっただけでなく、「もう、けっこう。」と口に出してしまうことからうかがえるように、冷静さを失って「大人の対応」ができなくなっているくらい、かなり根深い心の傷となっていることがわかる。

チョウの収集にまつわる〈少年の日の思い出〉は到底「僕＝客」の口から語られるようなものではない。彼は語れないのである。

それは、あの時から二十年近くが経った今もなお「僕＝客」はエーミールよりも自分が劣っている事実が認められない「劣等感」の渦中にある、ということを表している。

そして、胸の奥に封印していた過去を「僕＝客」に自主的に語らせる仕組みが第一場面だったのである。

「私」とのこのやりとりが、彼がそうせざるを得ないような状況に追い込んだのである。

「私」が標本を片付けて部屋に戻って来るまでの間に、おそらく「僕＝客」はこんなことを考えたに違いない。自分から見せてほしいと言いながら、一方的にチョウの話題を打ち切って彼（「私」）に標本箱を片付けさせた。彼は私のことを勝手なわがままな男だと思っているだろう。きっと口には出さないけれど、そう思って、気分を害している、と。実際に「私」が気分を害したかは問題ではなく、「僕＝客」が、「私」が気分を害しているに違いないと思ったことが重要なのである。このままでは、今までの打ち解けた楽しい雰囲気が台無しになるだけでなく、この後の二人の関係にも禍根を残す。だから、「僕＝客」は自分がこのような行動をとった釈明をすることにした。本来、他人に語るはずのなかった〈少年の日の思い出〉を自ら語り出したのである。

君の収集をよく見なかったけれど。僕も子供のとき、無論、収集していたのだが、残念ながら、自分でその思い出をけがしてしまった。実際話すのも恥ずかしいことだが、ひとり聞いてもらおう。

この発言の前にある標本箱を戻してきた「私」に、「僕＝客」は「微笑して、巻きたばこを私に求めた」。これは冷静さを欠いた行動に対して体面を繕おうとするものである。一服つけて、語りたくない〈少年の日の思い出〉を語るために気持ちの整理をつけている行為でもある。

自分から語ることがない〈少年の日の思い出〉を語らせるために、第一場面の設定が必要であった。これこそがこの物語が二場面構成になっている最大の理由である。

問4 なぜ「僕＝客」が「私」に語ったように、「私」はそれを忠実に再現して「読み手」に語るような語りの構造を採用するのか。なぜこのような複雑な語りを採用するのか。

クジャクヤママユを巡る事件が物語の最後に描かれ、強い印象を「読み手」に残す。それに対して第一場面が短く、描かれているエピソードも副次的なものであって、事件の発生時から二十年近くの歳月を経過していることを表す第一場面の重要性が見過ごされがちである。

仮に事件直後に十三歳の少年「僕」が語ったとしよう。つまり第二場面だけの物語である。それではエーミールに完膚なきまでやられた「僕」は悔しかったというだけの話になる。熱情に委ねてしまい、こんな過ちを犯さないように自らを律しなければ取り返しのつかぬことになるという教訓話になってしまう。事件直後に一人称で語られる物語なら、物語はその時点で完結するので、そうなる。その後二十年経っても「僕＝客」が劣等感を引きずっているということは想像できない。〈少年の日の思い出〉は二十年近い時の経過を含めて「少年の日の思い出」という物語なのである。「僕＝客」が「私」に語った時の口吻やその時に受けた雰囲気までも、今まさに語られている臨場感を「読み手」に追体験させるためである。

そのようなことを「読み手」に体験させるには、「僕＝客」の一人称の語りこそが相応しい。しかし、彼にとって〈少年の日の思い出〉は、到底自分の口から語れるようなものではなかった。自分から進んで語れるなら、それは思い出すと嫌な気持ちになる過去の逸話の一つだったということになる。

彼にとってこの事件は二十年近く経った今も引きずっていることなので、自ら進んで語ることはない。その彼が自発的に語るという状況を設定する必要があった。それが「私」にだけ向けられた釈明である。それは、直接「僕＝客」が「読み手」に語る一人称の語りが採用できないということを表している。

そこで、より一人称の語りに近い語りとして、「私」が、読み手に「僕＝客」が「私」に語った〈少年の日の思い出〉を忠実に再現して語る——という語りを採用することとなったのである。*4

◉注

*1 「二十年近くが経った今になって」……「私」に「末の子」がいるということから、子供は少なくとも三人はいる。『三省堂国語辞典』前提書）の「末」の語釈には「⑤最後に生まれた子」とある。二人兄弟で「最後に生まれた子」というのは違和感がある。少なくとも三人は子がいると考えるのが妥当であろう。年子で生まれたということも考えられるが、二年おきぐらいに子供が生まれたと考えて十年で三人が生まれたと仮定するのは自然であろう。「私」が二十歳の早い結婚をした

として、三人の子供が生まれて、十年。「末の男の子が、おやすみを言った」とあり、一人で挨拶に来たようであるから、少なくとも三歳にはなっている。妻に連れられて挨拶に来た可能性を残すなら、二歳くらいか。したがって「私」の年齢は、少なく見積もっても三十歳以上にはなっている。「私」と「僕＝客」が子供の頃の話題を共有していることから二人は同世代、少なくとも三十歳台と推測できる。したがって、十三歳の時にクジャクヤママユを盗み、自分のチョウの標本をこなごなに押し潰した事件から、少なくとも二十年近くは経過していると考えるのが妥当である。

＊2 第二場面の語り手が、「僕」の回想を再話した第一場面と同じ語り手の「私」なのか、あるいは直接語っている「僕」なのかについて議論がある。これは、第一場面の最後、「私」の「友人はその間に次のように語った。」という言説が誰に向けてどの時点で発せられたのかを考察することで容易に結論づけられる。「私」がその会話の当事者である「友人」に向かって語ることはない。したがって「私」は読み手に語っている。また第二場面の内容は「次のように語った。」（傍点、鈴木）とある。「友人」との二人の会話を中断して「私」が読み手に「次のように語った」と語りかけることはあり得ない。つまり、「私」が読み手に向かって「次のように語った」と語りかけるのは「友人」がすべてを語り終えた後である。「僕＝友人」が読み手に思い出を語ることがあるとすれば、それは「私」に促された時だけであり、「僕＝友人」自らが読み手に語り出すことはない。いずれにせよ、彼は自分の経験を二度語ることになる。それは常識的に考えてあり得ない。よって第二場面は、「友人」がその場を去った後に「私」が「友人」すなわち第二場面の「僕」の回想を再話したものであると結論づけられる。

なお、出典元である高橋健二訳『ヘッセ全集　二　車輪の下』（新潮社、一九八二年）では、第一場面の最後「友人はそのあいだ次のように語った。」の直後に一重カギ括弧が始まり、テクストの最後も一重カギ括弧で閉じられている。その間の会話はすべて二重カギ括弧で表記されている。現行教科書のような一行の空白はない。便宜的に本稿では二場面構成として論述しているが、全一場面の物語として読むのが物語に忠実な読みである。

＊3 物語を時系列に整理すると（仮に「ストーリー」と呼ぶことにする）と**図2**のようになる。ストーリーに本来あるべきものが、物語では省略されて編集されていることがわかる。

＊4 二十年近く経ってようやくチョウの思い出を語れるようになるまでに寛解したという解釈もあるかもしれない。そうなると、十三歳頃の当時の「僕＝客」の心情は二十年近く経った今とは比較にならない程激しいものだったということになる。「忠実に」と言ったが、厳密に言うとそうでない。「私」によって再現された「僕＝客」の〈少年の日の思い出〉の語りには、

本来ならあるはずものがない。「どう思う?」「そう思わないかい?」といった「僕=客」が「私」に同意を求める言葉が見当たらない。これだけ長い話をしていて、それに類いする言葉が全くなかったとは常識的に考えられない。とりわけ「僕=客」は「私」の反応を気にしているはずだから、なんらかの反応を確かめる言葉もあっていいはずだ。ここでは意図的に「私」の反応は省略されていると考えるのが妥当だろう。つまり編集が行われている。これはおそらく「僕=客」の口吻や雰囲気をただ忠実に伝えるよりも臨場感を重視しようとする姿勢がうかがえる。

　実際に「僕=客」は客である以上、いずれは「私」の書斎や住まいから辞去する。しかし、この話をして突然帰るというのは、「僕=客」の本心はそうしたくても、体面上それはできないだろう。体面を繕うために「僕=客」は〈少年の日の思い出〉を語った後も話題を変え、二人で少し話をするようにしただろうし、「私」もそれに応じただろう。第二場面の後に、すなわち物語の最後に「このような話をした後、しばら

図2「少年の日の思い出」をストーリー（時系列）に再構成する

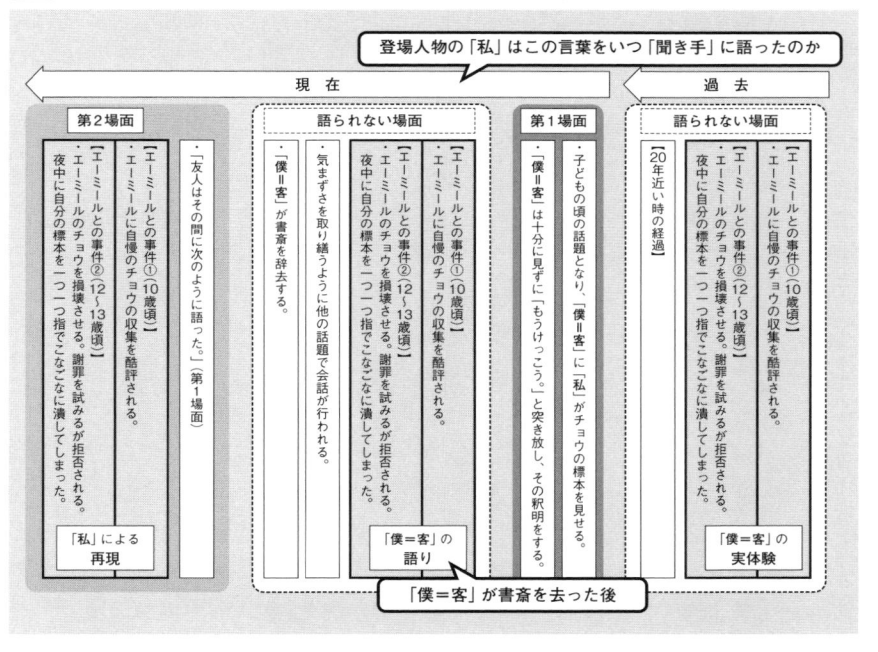

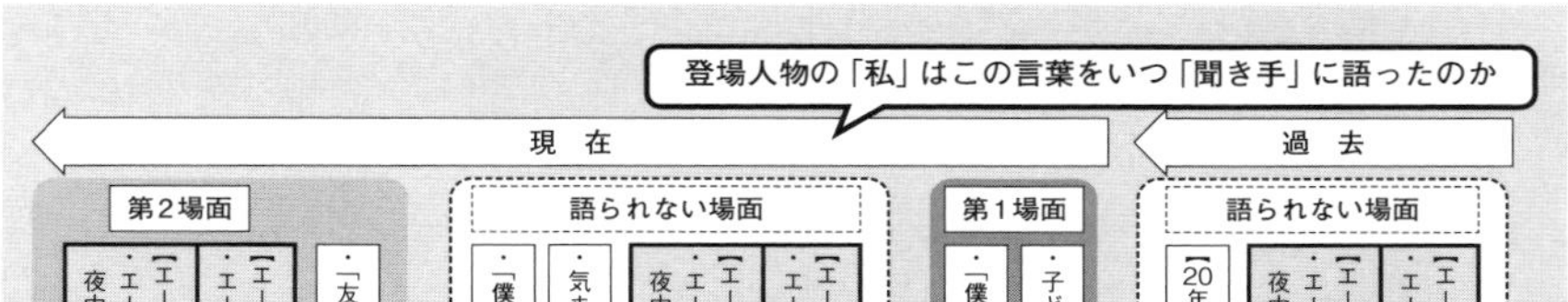

く他の話題について語り合った後、友人は部屋をあとにした。」を入れたとする。

そうすると、その言葉によってこの事件は総括されてしまい、読み手に追体験させるべき、チョウを粉々にするという生々しい臨場感が完全に失われてしまう。また、このような描写が挿入されると、〈少年の日の思い出〉が「私」の書斎で「僕＝客」と「私」の間で語られた様々な「子供や幼い日の思い出」話の中の一つと同じものになってしまう。他の話と同等の「今となっては懐かしい」、現在の「僕＝客」の精神状態とも切り離させた完結した一つの昔話になってしまう。それは、読み手にとって「僕＝客」がいまだに「劣等感」の渦中にあるということをわからなくさせることである。確かに〈少年の日の思い出〉は過去の事件であるが、彼の中ではまだ終わっていない。そのことが、このような描写があると伝わらないどころか、かき消されてしまう。

6 「仁和寺にある法師」（『徒然草』）兼好法師

――狭量は無知に通じる

中学二年

問1

「少しのことにも、先達はあらまほしきことなり。」は、一般的には「ちょっとしたことにも、その道の先導者はあってほしいものである。[*1]」のように現代語訳されている。あるいは先達を「案内者」とする場合もある。[*2] いずれにせよ、これだと法師にはなんら落ち度がなったようにも読み取れる。「先導者さえいたら、教えてもらえたのに残念だった」と。はたしてこの逸話の伝えることはなんなのか。テクストの最後の一文の意味は何か。

この失敗は、法師の独りよがりが原因である。

仮に、彼のすぐ近くに「先達」がいたとしたら果たして教えを乞うたであろうか、ということである。おそらく訊かなかったのではないだろうか。

そもそもこの逸話は、法師が「ゆかし」と思ったことを、山に登ろうとしている人（実は本殿に参拝に向かう人）でも山から下りてきた人でも呼び止めて尋ねていれば済んでいた。

法師：「どうして山に登るのですか。」
山に登ろうとする人：「本殿にお参りするのです。」

法師：「本殿はこの上にあったのですか。」
山に登ろうとする人：「そうですよ。」

ただそれだけの話である。[3]

繰り返すが、これだけのことを尋ねていれば済んでいたのである。だから、世に流布されてきた解釈のように「『案内人』がいてほしい」ということではない。案内人でなくて、山に行く人に声をかければよいだけの話であり、大そうな話ではない。

しかし彼は尋ねなかった。それこそが問題なのである。

「ゆかしかりしかど、神へ参るこそ本意なれと思ひて」(「私も知りたかったのですが、神に参拝することこそが目的だと思って」)とある。[4]

ここから読み取れるのは、仁和寺の法師たちを前にして、法師が自らの信仰の厚さを誇る姿である。一瞬信仰に関係のないことを知りたいという誘惑に駆られたが、誘惑に屈せず自分は信仰を貫き通すことができたと言っているのだ。「誇る」というのが言い過ぎであれば、「頑《かたく》な」と言い換えればよい。この程度の些細なことを人に尋ねることを本来の目的(「本意」)ではないという理由で退けなければならない信仰とはどんな信仰なのだろうか。

「少しのことにも、先達はあらまほしきことなり。」とは彼のそんな狭量を批判している。

法師の話を聞いた他の法師たちは、石清水八幡宮の本殿が山上にあることは知っている。しかし、彼らは彼にその事実を伝え、訂正しなかったのだろう。法師がその場を去って、姿が見えなくなってから、嘲笑したのだろう。だから、笑い話として兼好の耳に入ってきたのである。

実は、この逸話は今日の私たちに「学び」の基本構造について考えさせるものなのである。以下、内田樹の様々な論考から学んだことに基づいて私なりに分析していく。[*5]

「私が学ぶ」という状況を考えてみてほしい。

「私が学ぶ」という時、前もって「師」が存在しているわけではない。将来的に「師」という役割を果たすことになる人がいるかもしれないというだけである。

その「師」（この段階では「師」とは言えないが、便宜的に「師」としておく）は「私」に何かを教えるかもしれない。しかしそれではまだ「師」ではない。「私がこの人に学びたい」と思った瞬間から「学び」というシステムが駆動し、「師」が機能する。「私」が「学びたい」と思わなければ「学び」のシステムは起動しないので、目の前に「師」と呼ばれるはずの人がいても「師」として機能しない。したがって「師」は存在しないということになる。

逆に言えば私が「この人に学びたい」と思いさえすれば、その瞬間その人が「師」となる。

この逸話で法師が問われているのはまさにこの「学ぶ」姿勢である。

ある対象を学ぶ価値のないもの、ある人を学ぶべき内容をもたぬ人として排除してしまうと（学ぼうとしなければ）、「学び」は駆動しない。仮に法師のそばに「先達」（「先導者」）がいても法師が知ろうとしない限り、知ることはできない。法師が知ろうとした時に、道行く人も「先達」として立ち現れるのである。

以上を踏まえて、「少しのことにも、先達はあらまほしきことなり。」は次のように意訳できよう。

「（どんな些細なことだと思われていることにも学ぶべき価値はある。学ぼうという気持ちさえあれば、誰からでも学ぶことができる。学ぼうと思えたときから「先達」、師が生まれるのだから、些細なことにでも積極的に「先達」（師）を求め、常に人に教えを乞えるようであってほしいものだ（そんな姿勢をもってほしいものだ）。」

つまり行住坐臥修行である僧ならば、何からでも誰からでも学ぼうとする姿勢こそが必要なのではないかと彼に問うているのである。

なぜこの法師がこのような嘲笑の対象になったのかをもう少し詳しく分析することにする。その前にこの逸話の背景となる基礎的な知識を整理しておく。

仁和寺は、長年にわたって世俗においても権威であった。仁和寺は、仁和二（八八六）年に第五八代光孝天皇の発願により二年後の仁和四（八八八）年に建立された。皇室出身者が代々門跡（住職）にあたり、平安から鎌倉時代にかけて門跡寺院の最高の格式を保っていました。しかし応仁元年（一四六七）に始まった応仁の乱によって一山のほとんどが焼失した（「総本山仁和寺」ホームページより）。

また石清水八幡宮は、古くから国家鎮護、厄除け開運、必勝・弓矢の神として信仰を集めていた（「石清水八幡宮」ホームページより）。江戸時代まで護国寺や極楽寺、弁天堂を始め「男山四十八坊」と呼ばれる宿坊が参道に軒を連ねており（ウィキペディア「石清水八幡宮」より）、テクストから読み取れるように当時は非常に賑わっていた。この賑わいは僧侶だけの参拝ではないということである。つまり石清水八幡宮は庶民にとっては身近な信仰の場所であるとともに観光名所でもあったということである。

石清水を参拝すること自体は特に難しいことではなかった。彼は「徒歩より」石清水を目指したが、京から石清水へは一般的には乗り合いの舟で向かっていたようだ。現在でも石清水八幡宮のすぐふもとには東高野街道が通り、その街道に沿って木津川と大谷川との合流した支流が流れている。街道の位置は今も昔も基本的には変わらないから、当時もおおむね同じ流れであったと考えてよいだろう。多くの参拝者がこれを利用して京からここまで舟でやって来たようだ。そもそも仁和寺の法師全員にとって石清水八幡宮に参拝することが「一生の大事」ということではない。この法師を除くすべての法師はすでに石清水への参拝を済ませていたということも考えられる。そのほうが自然である。しかしこの法師にとっては石清水参拝が一大事あった。ここから次のような疑問が生まれる。

問2 なぜ法師は「年寄るまで」石清水を参拝しなかったのか。なぜ彼は乗り合い舟を用いず、「ただ一人、かちより詣で」たのか。

彼はまさに「年寄るまで」仁和寺で修業に専念してきたということであり、文字通り脇目もふらず生涯を修行に捧げてきたということを意味している。

舟を選択せずに、「ただ一人、かちより詣で」ことによって、旅の道連れとなる者はいない。もちろんそれを彼は望んだである。たった一人で徒歩でただひたすら脇目もふらず純粋に石清水を目指した。

これが彼の笑い話あるいは彼にとっては悲劇の始まりとなった。[*6] 乗り合い舟を利用していたなら、当然石清水参拝の客が同乗しているから、道連れを作らずとも周りの客の会話から本尊についての情報も自然と耳にすることもあったはずだ。

つまり舟を利用しなかったばかりに悲劇的な結果を迎えたのである。

しかしそれはあくまでも結果論にすぎない。問題はなぜ法師は舟ではなく、徒歩を選択したのかということである。

法師は、石清水参拝を観光ではなく、信仰の一つと考えていた。そこに向かう過程自体も信仰の一部と考えていたのかもしれない。たとえば「お遍路さん」をイメージするのがよいかもしれない。「お遍路」とは「祈願のために弘法大師修行の遺跡である四国八十八か所の礼状をめぐり歩くこと。また、その人。」である（『明鏡国語辞典』）。だから一人の徒歩にこだわった。舟を使うなどもっての外、他の乗船者と無駄な会話をするなど論外と考えていたのではないだろうか。あるいは「年ごろ思ひつること果たしはべりぬ。聞きしにもすぎて、尊くこそおはしけれ。」と言っているように宿願を叶えるのに舟を利用して楽をするなど、その純粋性を損なうとでも考えていたのかもしれない。

おそらくそのように考えて、彼は「ただ一人、かちより詣で」たのである。

以上のことから法師の人物像が明確になる。

信仰のために世俗において犠牲を払わなければならないことがある。僧であるから当然だと考えられる。法師は信仰心に極めて厚い。彼の場合はとりわけ純粋だからこそ、年を取るまで参拝しなかったし、脇目もふらずにたった一人で徒歩で石清水を目指してきた。信仰に関わりのないものを一切自分に近づけないように、あるいは自分から近づかないように排除してきた。信仰の純化を図ったということができるかもしれない。

しかしこの純粋さは偏向につながっている。

脇目もふらずにと書いたが、それは見方を変えれば、彼は他を受け入れることに対して頑なであり、柔軟性に欠けるということである。

信仰を絶対視して、最優先させる生き方を貫いてきたであろう彼には、他を受け入れる余地がない。だからこそ彼は舟よりも「ただ一人、かちより詣で」ることを選択し、「ゆかしかりしかど、神へ参るこそ本意なれと思ひて、山までは見ず」という行動をとったのである。

これが更に進むと宗教的独善となり、宗教的不寛容ということになる。彼の場合はそうではないが、極端までいくとそれは狂信である。

この逸話は笑い話に分類できるのかもしれない。しかし、この笑いの本質は彼の失敗を笑うというよりも、悲劇を招いた彼の偏狭さに対する批判にある。

笑いは一般的にユーモアとウィット・エスプリという分類がされる。ユーモアが人の心を和ませるような、ほのぼのとしたおかしみであり、それに対してウィットやエスプリが理知的な笑いとされる(『明鏡国語辞典』)。

細かな分類は置くが、この逸話はほのぼのとした笑いではない。その笑いには彼の頑なさに対する理知的な批判がある。

法師は宿願の石清水に参拝に行きながら肝腎の本殿に参ることが果たせなかった。それは山上に本殿があるという事実を知らなかったからだった。しかしそれは自ら招いた結果だった。本人も山上のことが気になっていたのだから、参拝客の誰かを呼び止めて尋ねれば容易に解決できた。「少しのこと」とはそのことを指している。

それを兼好は一般化、普遍化して「少しのことにも、先達はあらまほしきことなり。」と言っているのである。彼の偏狭さを克服するには「少しのことにも、先達はあらまほしきことなり。」ということだ。あらゆることから学ぼうとする姿勢がなければ到底この偏狭さを克服できないということを教えてくれる。

話は変わるが、仁和寺は世俗の権威でもあったと先に述べた。『徒然草』が紹介する仁和寺の逸話には、ある法師が酔っぱらってかぶった鼎が抜けずに無理に抜いて耳や鼻がそげてしまったあけすけなものもある。よりによって僧が飲酒して、このような失態を演ずるとは、ということである。しかもこの場合はほとんど酒乱と言っていい。

これなどはとりわけ、仁和寺という権威に対する、その堕落に対する笑いという形をとった批判であったと考えることができる。

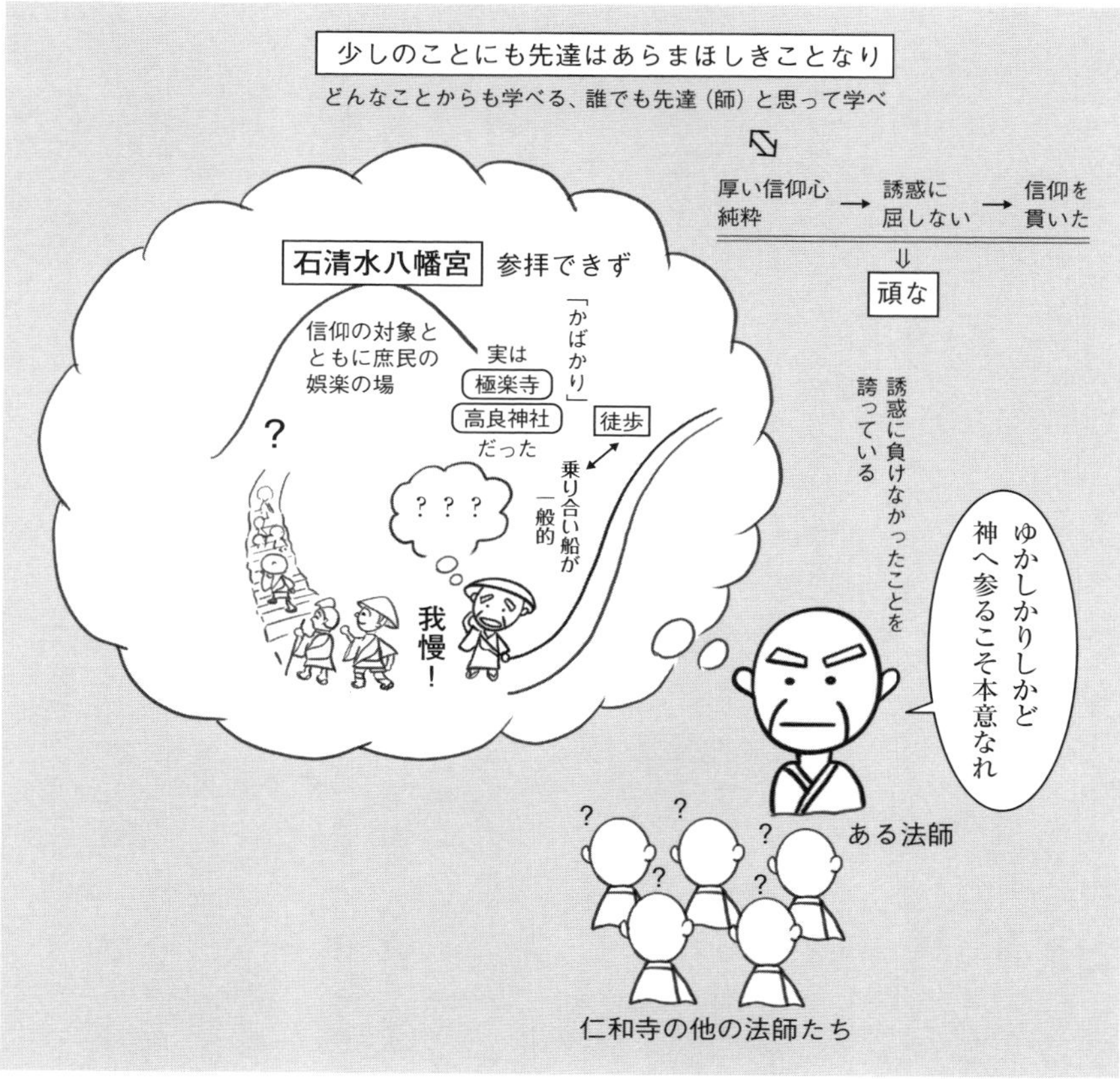
少しのことにも先達はあらまほしきことなり
どんなことからも学べる、誰でも先達(師)と思って学べ
厚い信仰心 純粋 → 誘惑に屈しない → 信仰を貫いた
頑な
石清水八幡宮 参拝できず
信仰の対象とともに庶民の娯楽の場
実は 極楽寺 高良神社 だった
「かばかり」
徒歩
乗り合い船が一般的
?
? ? ?
我慢!
誘惑に負けなかったことを誇っている
ゆかしかりしかど神へ参るこそ本意なれ
ある法師
仁和寺の他の法師たち

◉注

＊1　七四頁　浜島書店編集部『移行措置対応版　国語便覧』（浜島書店、二〇一八年刷）

＊2　一二九頁　佐竹昭広、久保田淳校注者『方丈記　徒然草』（岩波書店、一九八九年）

＊3　法師が、山に登る人にその理由を尋ねていたらと仮定すると、兼好の伝える逸話の本質が一層明らかになる。

仁和寺に帰った法師は、仲間の法師たちを前に「山に登る人に尋ねなかったら、もう少しで本殿に参拝せずに帰って来るところだった。何をしに行ったのかわからなくなるところだった。」と「笑い話」として語り、仲間の笑いを誘ったことだろう。

兼好の伝えるオリジナルの「仁和寺にある法師」の逸話もおそらく仲間の笑いを誘っているが、それは仮定の話のように彼が仁和寺の法師たちを笑わせているのではなく、彼らに笑われているのである。

この逸話には、彼の過ちを仲間の法師たちが正したとは記されていない。彼らの誰一人、彼の過ちに気づかなかったということはありえない。つまり、彼がひとしきり語り終え、その場を去った後で、法師たちが噂し合ったということになる。法師は陰で仲間の法師たちに嘲笑されたのだ。

ところで、ここに示した仮定の話なら、よくある、取り立てて話題にするまでもない話題なので、おそらく兼好は筆を執らなかったであろう。かと言って、オリジナルの逸話が珍しいからという理由で兼好が筆を執ったのでもない。本当のところはわからないがただ、こういうことは言える。

この法師に限らず、人は誰しも、何かしら他人から見れば取るに足らない些細な物事にこだわって、謙虚さを忘れ、意地を張ってしまって、どんどん頑なになっていくことがある。また、つまらぬ見栄を張って、他人に笑われているのにも気づかないことがある。そんな人間の側面を捉えて、それを戒めているのだと。

＊4　七四頁、浜島書店編集部、前掲書

＊5　内田は多くの著書や自身のブログの中で教育について、「学ぶ力」について論じている。

「学びの主体性」ということで私が言っているのは、人間は自分が学ぶことのできることしか学ぶことができない、学ぶことを欲望するものしか学ぶことができないという自明の事実です。（傍点ママ）

（三七頁、内田『先生はえらい』二〇〇五年、ちくまプリマー新書〇〇二）

学びには二人の参加者が必要です。送信するものと受信するものです。そして、このドラマの主人公はあくまでも「受信者」です。／先生の発信するメッセージを弟子が「教え」であると思い込んで受信してしまうときに学びは成立します。　八頁、内田、同書)

繰り返し語られるのは、何を得るかではなく、学ぼうと欲望することであり、それが「学び」を駆動させ、「学び」が成立するということである。

*6
喜劇王チャップリンが言ったと伝えられている「人生はクローズアップで見れば悲劇だが、ロングショットで見れば喜劇だ。(Life is a Tragedy when Seen in Closeup, But a Comedy in Longshot.)」ということの言葉どおりに法師の逸話は描かれている。

中学二年

7 「走れメロス」 太宰治

——二つの命を賭けて問う勇者と信実

『走れメロス』は、昭和三十年度（一九五五年度）から今日まで一貫してすべての中学校国語教科書に掲載されている。このテクストの授業を難しくしているのはテクストの長さである。手元にある教科書では実に十七ページある。それに次ぐのが「故郷」の十四ページである。

「物語文」を作る

「走れメロス」のように長い物語の場合、物語全体を一つとして捉えて読むことは難しい。そのようなときに、物語全体を見通すことができる「物語文」を活用するとよい（「主題」を求める過程については理論編参照）。「物語文」については「空中ブランコ乗りのキキ」の章ですでに詳しく説明したが、もう一度簡単に触れておく。

あらゆる物語は「〜が〜する物語」と「〜が〜になる物語」のいずれかの「物語文」に集約される。

「走れメロス」の「物語文」はたとえば「メロスが約束を守る物語」「メロスが王の心に勝つ物語」「友と友との友情が試される物語」「暴君ディオニスが改心する物語」などが考えられる。しかし「テクスト分析」に用いる「物語文」は、偏在する「問」や物語全体に関わる「問」にも関連するものでなければならないから、物語の最初から最後まで貫き、登場人物の行動や心理の変化を表す「〜が〜になる物語」でなければならない。

この条件を満たす「物語文」は、「メロスが真の勇者になる物語」である。

問1 メロスは自らを「真の勇者」と呼んでいる。村の羊飼いの青年に過ぎないメロスがどんな資格をもって自分を「真の勇者」と言うのか。

「主題文」にかかわる問である。

物語では「勇者」という語が次の四回出てくる。（傍線はいずれも鈴木）

（1）ああ、あ、濁流を泳ぎきり、山賊を三人も撃ち倒し韋駄天、ここまで突破してきたメロスよ。真の勇者、メロスよ。今、ここで、疲れきって動けなくなるとは情けない。愛する友は、おまえを信じたばかりに、やがて殺されなければならぬ。おまえは、希代の不信の人間、まさしく王の思うつぼだぞ、と自分を叱ってみるのだが、全身萎えて、もはやいも虫ほどにも前進かなわぬ。

（2）もう、どうでもいいという、勇者に不似合いなふてくされた根性が、心の隅に巣くった。

（3）私は信頼されている。私は信頼されている。先刻の、あの悪魔のささやきは、あれは夢だ。悪い夢だ。忘れてしまえ。五臓が疲れているときは、ふいとあんな悪い夢を見るものだ。メロス、おまえの恥ではない。やはり、おまえは真の勇者だ。再び立って走れるようになったではないか。ありがたい！ 私は、正義の士として死ぬことができるぞ。

（4）勇者は、ひどく赤面した。

このうちの（1）と（3）は、一人称の語り手「私」の独白であり、メロスが疲労困憊してくじけそうになった自らを叱咤激励し、奮い立たせようと鼓舞する言葉である。

（2）と（4）は三人称の語り手によるものである。

ところで（2）の三人称の語り手が語っている「もう、どうでもいいという、勇者に不似合いなふてくされた根性が、心の隅に巣くった。」は次の二つの解釈が可能である。「もう、どうでもいい」という発想が「勇者」らしからぬものであり、真の勇者と自称しているメロスにもかかわらずそれが生じていると語り手が指摘しているという解釈。もう一つは、語り手がメロスを「勇者」と認めた上で、勇者らしからぬ発想をしているという指摘だとする解釈。しかし、後者の解釈を認めるには、それを裏付ける証しがない。挫けそうになる自分を叱咤するために「勇者」という言葉を用いることは差し支えないが、それだけで「勇者」であるとは言えない。したがって、前者の解釈が妥当だと言える。つまり、メロスは普通の人であって「勇者」ではない。

では、普通の人と勇者の違いは何か。

生まれついての「勇者」はいない。あるのは、「普通の人」が「勇者」になることだけだ。「勇者」になるための絶対条件が、「普通の人」が到底乗り越えることのできない厳しい試練を乗り越えるという経験である。この経験の有無が「普通の人」と「勇者」とを分ける。この経験が無くしてそれを「勇者」を語るのは独善であり、それは自分の頭の中で作り上げた観念としての「勇者」でしかない。誰をも乗り越えることのできない心身の危機を賭けて乗り越えた者のみが「勇者」の名に値するのである。そのような勇者を、観念の「勇者」と区別して「真の勇者」と呼ぶのである。村に住む一介の羊飼いの青年が、誰も信じられず誰にも説得されなかった暴君を改心させることなどできるはずはない。「真の勇者」になるのに不可欠な乗り越えるべき試練があり、それを乗り越えた者「真の勇者」のみが、暴君を圧倒する存在となるのである。

「真の勇者」となるべき困難極まる試練がメロスの前に次々と現れ、立ちはだかるのである。

「真の勇者」となるための試練

メロスが「真の勇者」となるための試練は次の八つである。

(1) 王がメロスを解き放つ前に言った言葉「ちょっと遅れてくるがいい。」
(2) 村での妹の結婚式を挙げさせた後の束の間の幸福
(3) 川の氾濫
(4) 山賊の囲み
(5) 照りつける灼熱の太陽
(6) 身体疲労
(7) 刑場へ向かう途中に耳にした、すれ違った一団の言葉「今頃は、あの男も、はりつけにかかっているよ」
(8) セリヌンティウスの弟子の言葉「もう、だめでございます。……今はご自分のお命が大事です。」

(1) から (3) については身体が疲労してこれ以上走れなくなったとき、メロスによって反芻される。

(1) のメロスがじだんだを踏むほど悔しがった「ちょっと遅れてくる」について説明をしておく。

メロスが取ることができる行動は次のように場合分けできる（**図1**）。メロスが、身代わりのセリヌンティウスがはりつけになっている刑場に現れずに逃げてしまえば、身代わりが死に自分の命が助かるが、正義の士としての名誉は失う。また処刑に間に合えば、身代わりの命は助かり、メロスの正義の士としての名誉も守ることができるが、彼は処刑される。処刑に遅れてくる場合にはさらに「大幅に遅れてくる」場合と、王がメロスにささやいた「ちょっと遅れてくる」場合に分けられる。前者では、身代わりは死ぬがメロスの命は助かる。正義の士としての名誉はどう捉えられるかも微妙である。民衆にわざと遅れてきたのではないかという疑念を持たれる可能性は少なくない。それに対して王がささやいた「ちょっと遅れてくる」場合は、身代わりは死ぬが、メロスの命は助かり、しかも正義の士としての名誉も守られる。さらには友を救えなかった悲劇の士として人々の同情を得ることができるかもしれない。身代わりを失うだけで、メロスは失わないだけでなく、利得

ちょっと遅れてくるがいい

	間に合う	逃げる	遅れる 大幅に	遅れる ちょっと
友の命	○	×	×	×
メロスの命	×	○	○	○
メロスの名誉	○	×	△	◎

王がメロスにささやいた言葉の意味
友を失うがメロスは利得しかない

しかないのである。王がささやいたのはそういうことである。

とりわけ注目すべきは、(3)(4)(5)(6)の試練と(1)(2)(7)(8)の試練との質的な違いである。(3)(4)(5)(6)の試練がメロスに立ちはだかる明らかに敵として存在する肉体的な試練であるのに対して、(1)(2)(7)(8)の試練はメロス自身を救おうとする精神的な試練「誘惑」である。

特に(8)の、シラクスの町の塔楼が見えてきたときに発せられたセリヌンティウスの弟子フィロストラトスの言葉は、(3)(4)(5)(6)の試練がメロスに立ちはだかる明らかに敵として存在するのに対して、明らかにメロスの味方の言葉であり、必死になって走ることの無意味さを訴えている。

「もう、だめでございます。無駄でございます。走るのは、やめてください。もう、あのかたをお助けになることはできません。」「走るのは、やめてください。今はご自分のお命が大事です。」

最後の最後に訪れたこの「誘惑」こそ、メロスにとっての最大最強の「試練」であったのではないだろうか。

フィロストラトスの発言は次の四つからなる。

（1）「もう、だめでございます。無駄でございます。走るのは、やめてください。もう、あのかたをお助けになることはできません。」

（2）「ちょうど今、あのかたが死刑になるところです。ああ、あなたは遅かった。お恨み申します。ほんの少し、もうちょっとでも、早かったなら！」

（3）「やめてください。走るのは、やめてください。今はご自分のお命が大事です。あのかたは、あなたを信じておりました。刑場に引き出されても、平気でいました。王様が、さんざんあのかたをからかっても、メロスは来ます、とだけ答え、強い信念をもち続けている様子でございました。」

（4）「ああ、あなたは気がくるったか。それでは、うんと走るがいい。ひょっとしたら、間に合わぬものでもない。走るがいい。」

（1）～（3）のフィロストラトスの発言はメロスの命を助けたい一心で彼にこれ以上走ることの無効性を訴えている。それに対して（4）「うんと走るがいい。ひょっとしたら、間に合わぬものでもない。走るがいい。」はメロスに対して走ることを励ましているように見えるかもしれない。しかしこれはメロスが走ることを止めない、彼の意志は揺るがないとわかって、説得を諦めたあとの発言である。逆に、揺るぎないメロスに感化され、彼の言葉を信じはじめた。それが「ああ、あなたは気がくるったか。」という言葉の真意である。（3）「今はご自分のお命が大事です。」は明らかに「誘惑」である。そのあとにメロスのことを信じ続けているセリヌンティウスについての言及もあるが、それ本来はメロスが間に合わず、セリヌンティウスが処刑されたということを前提としたメロスに向かって発せられた恨みの言葉だ。

メロスがフィロストラトスに励まされ、希望をもったというようなことを連想させるものは見いだせない。

仮にフィロストラトスの言葉の中にメロスが励ましあるいは希望を見出したとしたら、そのこと自体が、メロスがその試練を乗り越えた瞬間なのだ。この精神的な試練「誘惑」を退け、普通の人間では到底できない勇者的行為を完遂し、ついにメロスは「真の勇者」となったのである。

キリストと釈迦の「物語」との類似

すでにお気づきのことかと思うが、「走れメロス」はよく知られた「物語」と構造が似ている。キリストと釈迦の「物語」(「伝説」といってもよいかもしれない)である。

キリストは、ヨルダン川で洗礼者ヨハネから洗礼(バプテスマ)を受けたあと、荒れ野に一人向かい、四十日間断食し祈った。その直後サタンがこの世のすべての栄華を見せ、「自分を拝むならばすべてを与える」というような三度の誘惑を試みるも、ついにそれらを退ける。このあと、キリストは公の伝道活動に入っていく。

また、釈迦も呼吸を止める苦行や絶食をする苦行などを一説では六年間続けたが悟りは得られず、ついには苦行を止め、菩提樹の下で瞑想にふけっていると悪魔が、命の大切さを語り悟り、また女の姿や父王の姿で現れ泣きながら城に帰ってくれと訴え、悟りを妨げようとする。こうした「誘惑」を振り払い、釈迦はついに悟りに到達する。

教義の違いを越えて、二人はともに数々の肉体的な試練を乗り越え、最大の試練としての精神的な試練「誘惑」を退けて「神」や「仏陀(目覚めた人、悟りに達した人の意)」という「人間」を超越した存在となっている。

メロスもまた数々の肉体的、精神的試練を乗り越えて「普通」の人間を超越した「真の勇者」になったのだ。

問2 人の命も問題でない「もっと恐ろしく大きいもの」とは何なのか。

刑場に向かうメロスの命を救おうとしてセリヌンティウスの弟子がかけた言葉に対する次の返答に、この言葉があった。「信じられているから走るのだ。間に合う、間に合わぬは問題でないのだ。人の命も問題でないのだ。私は、なんだか、もっと恐ろしく大きいもののために走っているのだ」。そもそもメロスは自分の身代わりの処刑に間に合うために走っているのにもかかわらず、その身代わりとなった友の命より大切な「もっと恐ろしく大きいもの」とはいったい何なのか。これは友に対する背信ではないか。

メロスが「走る」前から信念としてもっていた「信実」は教条的な観念的なものであった。それはちょうど「走る」前のメロスが「真の勇者」でなかったように。

二年ぶりの町に立ち寄ったことがきっかけとなって、メロスは自分の命を賭して「走る」。「走る」ことで「信実」の本質が問われることとなった。その結果、「走る」という経験の前と後では言葉の上では同じ「信実」であっても質的な次元が異なってしまった。言い換えれば、「信実」の存在を信憑《ぴょう》することから、「信実」そのものを体験したのである。「信実」は彼の中で質的変換を遂げ、まったく異なるものと変容した。その相違をメロスはうまく言語化できない。彼の精一杯の表現が「なんだか、もっと恐ろしく大きいもの」だったのである。

問3　誰もできなかった王を改心を為し遂げたメロスは、なぜ少女に赤面せねばならなかったのか。

一人の少女が、緋のマントをメロスにささげた。メロスは、まごついた。よき友は、気をきかせて教えてやった。／「メロス、君は、真っ裸じゃないか。早くそのマントを着るがいい。このかわいい娘さんは、メロスの裸体を、皆に見られるのが、たまらなく悔しいのだ。」／勇者は、ひどく赤面した。

メロスとセリヌンティウスとが抱擁し合い、王が改心し「おまえらの仲間の一人にしてほしい」と二人に近づいた直後、メロスの前に、少女が現れ、緋色のマントを捧げる。彼女の行動に戸惑うメロスにセリヌンティウスが気を利かせて理由を教える。刑場に向かう途中で衣服が破れ全裸体になっていた自分に改めて気づき、彼の説明する言葉の意味をメロスが理解した時、物語は、「勇者は、ひどく赤面した。」という一文をもって終わる。

この解を出すためには、「その後のメロスの物語」を考える必要がある。

王のほうから二人に近づき、「どうか、わしをも仲間に入れてくれまいか。おまえらの仲間の一人にしてほしい。」と言わせた。さらに賢臣をもってしてもその心を変えることができなかった王の人間不信を改め、「信実とは、決して空虚な妄想ではなかった。」と言わしめた。

また、さきにメロスの物語がキリストや釈迦の「物語」と類似していることは書いたが、メロスは「神」でも「仏陀」でもないが、やはり常人が為しえないことを為したという意味では「勇者」というよりも「超人」と呼ぶ方が適切かもしれない。

「王の友」であり、町を救った「勇者」として神格化されたメロスは、もはや以前どおりの生活に戻ることは不可能である。それでは、これからの人生をシラクスの町で過ごすのか。答えは否である。ここにはメロスの人生はない。メロスは再び、村の牧人としてこれまでの生活に戻らなければならない。

神格化されたメロスを「普通の人」に戻すのが、緋のマントを捧げるという少女の行動である。それに込められた彼女のメロスへの恋ごころ、嫉妬を知って「赤面する」という「普通の人」の反応である。「一牧人」として村に帰るためには、このぎこちない、素朴な若者らしい反応が必要だったのである。

暴君ディオニスの物語

「人を信じられないから殺す」。ディオニスはそれを実行し、メロスもそれが悪徳だとして王の暗殺を企てる。人の生命よりも人の「信実」に価値を置く二人は精神的な双子である。たとえばディオニスが最初から暴君ではなかったことは、「二年前にこの町に来たときは、夜でも皆が歌を歌って、町はにぎやかであった」というメロスの言葉からわかる。「疑うのが、正当の心構えなのだと、わしに教えてくれたのは、おまえたちだ。人の心は、あてにならない。人間は、もともと私欲のかたまりさ。信じては、ならぬ。」と信頼していた者に生命の危機にさらされるような裏切りを経験があったはずが、「単純な男」メロスは、町の情勢に疎く、王の苦悩を理解できないし、理解しようともしない。この二人を分けるのはそのような裏切りの経験の有無だけである。メロスの帰還を誰よりも待ち望んでいたのは、深層で「信実」の存在を信じ、願っていたディオニスだったのかもしれない。彼はメロスに最後の望みを賭けたのだ。だから、この物語は暴君ディオニスの物語として読み直すことも可能である。「暴君ディオニスが人を信じることを回復する物語」と読むこともできる。

原典シラー「人質」と比較する

この物語は、シラーの「人質」を下敷きにしている。太宰はこの「原典」をほぼ忠実に描いているが、同時にいくつかの変更を加えている。

「原典」には次の場面はない。メロスとセリヌンティウスが互いに殴り合う場面、群衆の背後から二人のさまを見つめていた王が二人に近づく場面（「原典」では、王が二人を玉座の前に呼び寄せている）、先に分析した緋のマントを少女が捧げる場面も太宰の追加である。

それ以上に注目すべき変更は、「友達」（テクストにはセリヌンティウスの名はない）が身代わりになっている刑場にメロスが向かう途上でフィロストラトスと出会った場面の、次の部分である。

すると向ふからフィロストラトスがやつてきた／家の留守をしてゐた忠僕は／主人をみとめて愕然とした

フィロストラトスは、セリヌンティウスの弟子ではなく、メロスの召使（忠僕）なのである。

さらに、フィロストラトスがメロスの「家の留守をしてゐた」ということは、メロスが家を離れている間、彼が留守を預かっていたということである。家を離れたのはシラクスから離れた地に妹が嫁いだということであって、メロスの家はシラクスにあるということである。しかし最も重要なことは、彼が召使を雇っているわけだから、メロスはシラクスの市民であるということだ。

そうなると、シラーのメロスはシラクスの市民の一人として、そこで日々ディオニスの悪政を見聞きしていたということになる。「ディオニスのところへ短剣をふところに忍びよつた」のは、太宰のメロスのように一時の激情に任せた短絡的な行為ではなく、蓄積された義憤によってついに決行に及んだものであった。

メロスをシラクスの市民から十里離れた村の羊飼いの青年へと設定を変更したことで、青年メロスの未熟でありながらもその純粋さが際立つ。シラクス市民なら王に処刑された者の中に知己の者もあっただろう。彼らの無念を晴らしたいという思いも働いた可能性もある。それに比べて太宰のメロスは村の牧人であり、本当なら王暗殺の動機としては弱い。だからこそかえって太宰のメロスの純粋さが際立ってくる。「人の心を疑うのは、最も恥ずべき悪徳だ。王は、民の忠誠をさえ疑っておられる。」「罪のない人を殺して、なにが平和だ。」という正論をディオニスに正面からぶつけることができるのだ。そんな彼だからこそ自分の命を捨てて、身代わりの友セリヌンティウスを救おうとして、真に「信実」を知るのである。「真の勇者」と言って自らを鼓舞しながら、ついに「真の勇者」になるのである。そして、この設定の変更が、本来の、村の羊飼いの青年に戻るために緋のマントをささげる少女を必要としたのだ。

8 「形」 菊池寛

――記号「槍中村」の力能と限界

中学三年

初陣の若い侍の立場からこのテクストを読めば、敵にとって脅威である「槍中村」の猩々緋と唐冠のかぶとを身につけさえすれば、初陣ですら易々と端武者数人を突き伏せ、功名を立てることができる、ということなる。それは、例えば、高級ブランド商品を身に着けさえすれば、人間的な価値が高まるというメッセージなのだろうか。

問1 **敵は誰と戦っていたのか。敵が「猩々緋と唐冠のかぶと」を通して見ていたのは誰か。**

敵は、「猩々緋と唐冠のかぶと」を通して見ていたのは「槍中村」である。敵はそれと戦っていた。「槍中村」とは五畿内に知らない者がいない「戦場の華であり、敵に対する脅威であり、味方にとっては信頼の的」のことである。そして、この「槍中村」の名を五畿内中国に轟かせるまでにしたのは、数々の武勲を上げ、功名を重ねた中村新兵衛その人である。しかし、「槍中村」と中村新兵衛その人とは異なる。

「記号表現」と「記号内容」

この関係を明確にするのが「記号論」である。「記号論」では「記号」とその意味との結びつきを恣意的と考える。「記号論」では、音声や文字で表されるものを「記号表現」（シニフィアン signifiant）と呼び、それによって意味される「記号内容」（シニフィエ signifié）と呼ぶ。

「猩々緋と唐冠のかぶと」が「記号表現」の役割を果たして、その「記号内容」が「槍中村」と称される「戦場の華・敵の脅威・味方の信頼の的」である。

若い侍の初陣でも、敵は「猩々緋と唐冠のかぶと」を見、五畿内に知らない者がいない「槍中村」を間近にして怖気づき、「吹き分けられるように、敵陣の一角が乱れ」ていった。

この時、敵が戦ったのは若い侍でもなければ中村新兵衛でもない。彼らが戦ったのは「槍中村」である。この時の戦だけではなく、「猩々緋と唐冠のかぶと」が「槍中村」として隣国に知れ渡って以来、敵が戦ってきたのはこの「槍中村」であったのだ。

これが、敵が見ていた現実であり、それを図式化したのが**図1**である。

敵の視線の矢印は、「猩々緋と唐冠のかぶと」を通して、その先にある、戦場の華であり、自分たちにとっては脅威である「槍中村」に到達している。

また、若い侍は、新兵衛に「猩々緋と唐冠のかぶと」の借用を次のように申し出る。

図1 敵が見ていた現実

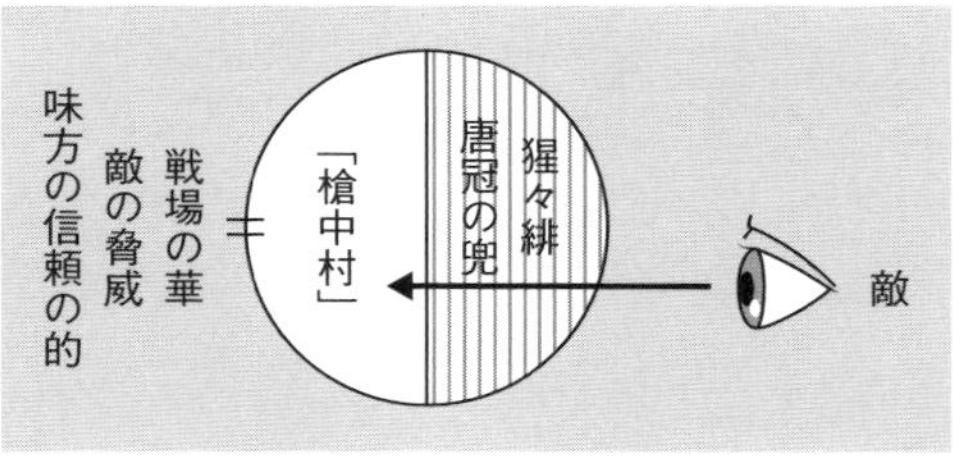

「（……）明日は我らの初陣じゃほどに、なんぞ華々しい手柄をしてみたい。ついては、御身様の猩々緋と唐冠のかぶとを、貸してたもらぬか。あの羽織とかぶととを着て、敵の目を驚かしてみとうござる。」

若い侍は、「猩々緋と唐冠のかぶと」を身に着けることで「敵の目を驚かし」初陣で「華々しい手柄」が立てられると考えている。ここでも、この羽織とかぶとが「敵味方の間に、輝くばかりの鮮やかさ」をもち、「戦場の華であり、敵に対する脅威であり、味方にとっては信頼の的」であることを裏づけている。それは彼自身がその姿を目の当たりにしてきた経験に基づく信用するに足る言葉であり、そうであるから借用を願い出たのである。つまり、新兵衛の味方の一人である若い侍も、**図1**のように敵と同じく「猩々緋と唐冠のかぶと」という記号表現を見て、同じ記号内容を読み取っているのである。

だからこそ彼は「猩々緋と唐冠のかぶと」を着ければ「敵の目を驚か」せるという力能を発揮できると考えたのである。実際に、「猩々緋と唐冠のかぶと」は「記号表現」と「記号内容」が固く結びつき、それ自体が力能を有する一つの実体のようになっていたということである。彼は正しく理解していたのである。ただし、それらが敵にとって「威力」となって初陣の若い侍に対して「猩々緋の武者の前には、戦わずして浮き足立った敵陣」となることがわかっていたということではない。初陣の若い侍がそのようなことを理解していたとは考えられない。それは新兵衛が言うように「子供らしい無邪気な功名心」であったのだろう。

敵が戦ってきたのは、そのような存在であった。

問2 なぜ、新兵衛は敗れたのか。

新兵衛が敗れたのは「手軽にかぶとや猩々緋を貸したこと」ことである。彼自身もそれを自覚しており、死の直前、語り手は「手軽にかぶとや猩々緋を貸したことを、後悔するような感じが頭の中をかすめた」と叙述している。しかし、彼は「いつもとは勝手が違っていることに気がついた」が、「後悔した」のではなく「後悔するような感じ」がしたのであり、このような状況に陥ってさえ新兵衛は貸したことがなぜ過ちであったかを正確に理解できていないのである。

敵や味方の若い侍が「猩々緋と唐冠のかぶと」をどのように見ていたかについて先に分析してきたが、新兵衛はそれらをどう見ていたのかを分析することにする。

新兵衛から見た「猩々緋と唐冠のかぶと」

新兵衛は「猩々緋と唐冠のかぶと」の借用を願い出た若い侍に次のように答えている。

「(……)あの羽織やかぶと(鈴木注　猩々緋と唐冠のかぶと)は、申さば中村新兵衛の形じゃわ。そなたが、あの品々を身に着けるうえからは、我らほどの肝魂をもたいでは、かなわぬことぞ。」

この発言が意味するのは、こういうことだ。

「猩々緋と唐冠のかぶと」は中村新兵衛の「形」である。「形」だけを真似ても仕方がない。この「形」に見合うだけの「我らほどの肝魂」が伴わなければならないと言っているのである。

新兵衛自身が自らの数々の武勲を立てることによって「槍中村」の名声とともに「猩々緋と唐冠のかぶと」を戦場の華へと築き上げていったのだから、そのように考えるのは当然であり、その自負があった。自負の表れが「我らほどの肝魂」である。

つまり、新兵衛にとって「猩々緋と唐冠のかぶと」はあくまでも新兵衛の「形」という認識であり、もっと重要なのは「肝魂」であると言っているのである。

また、「猩々緋と唐冠のかぶと」を着けた若い侍の初陣の活躍ぶりを見た新兵衛は次のように感慨を示す。

> 会心の微笑を含みながら、猩々緋の武者の、華々しい武者ぶりを眺めていた。そして自分の形だけすら、これほどの力をもっているということに、かなり大きい誇りを感じていた。

「猩々緋の武者の、華々しい武者ぶり」について「自分の形」が「これほどの力をもっている」と最大級の評価をしている。この感慨では、それらを着けて戦っている初陣の若武者の存在がまったく無視されている。戦場で戦う己の姿を俯瞰して見ることはできないから、この時の「猩々緋と唐冠のかぶと」の姿に己を投影させたのだろう。それにしても、若い侍は、新兵衛の主君の子であり、自分が幼少の頃から守役を務め、我が子のように慈しみ育ててきたのであるから、彼の初陣を称え、成長を喜ぶような感想が浮かんできてもよかったのではないか。それほどまでに若い侍の存在を忘れ去れるほどの「猩々緋」が際立っていた華々しい武者ぶりであったということであろう。しかも「自分の形だけですら、これほどの力をもっている」という自負は、裏返せば「形」の実体あるいは本質であるところの「己」に対する中村新兵衛の自己評価である。

図2に見るように新兵衛からの視線の矢印は、猩々緋と唐冠のかぶとからその先にある「若武者」に届いていない。実体を伴わない「形」を認めた上で、実体である己へと想念をはせているのである。

自分の「形」を「形だけで」と「形ですら」で二重に限定して矮小化を図る一方で「これほどの力」と高く評価しているのは、新兵衛という実体を伴わない「形」でさえこれほどの力を発揮するのであるから、実体である己あるいは己の武芸「肝魂」の力は計り知れない、ということである。

彼は、彼自身が戦っていないのにもかかわらず、華々しい武者ぶりを発揮させている「形」の力能は認めていた。これは敵や味方の認識と同じである。彼らと新兵衛が大きく異なるのは、記号内容である。

「猩々緋と唐冠のかぶと」の記号内容は、新兵衛にとって、あくまでも「形」である。その力能を俯瞰する立場を得たことによって、彼以外の人々のように、それが己の手を離れた実体になっているという認識に改めることはなかった。かえってその実体である己あるいは己の武芸「肝魂」に対する絶対的な自信へとつながっていったのだ。

同じ「猩々緋と唐冠のかぶと」という記号表現を見ながら、新兵衛と彼以外とでは、異なった記号内容を見ているのである。記号表現と記号内容との結びつきは恣意的であると最初に述べたのは、まさにこのようなことである。

己の「形」の鮮やかな戦いぶりを見ることで、いよいよ己に対する自信を高めた「実体」である新兵衛は、「いよいよ主役の登場」とばかりに、本物の武技をご覧に入れようと勇んで馬を乗り入れた。敵にとっては、「猩々緋と唐冠のかぶと」の「槍中村」が退いたあとは、次に現れてきたのはあくまでも一人の無名の武者にすぎない。しかも「彼らは、猩々緋の『槍中村』に突き乱された恨みを、この黒革縅の武者の上に復讐せんとして、たけり立っていた」。いくら技に優れていようと「槍中村」ではない。「黒革縅のよろいを着て、南蛮鉄のかぶとをかぶっていた」無名の武者にすぎない新兵衛に挑んでいった。

図2 新兵衛が見ていた「現実」

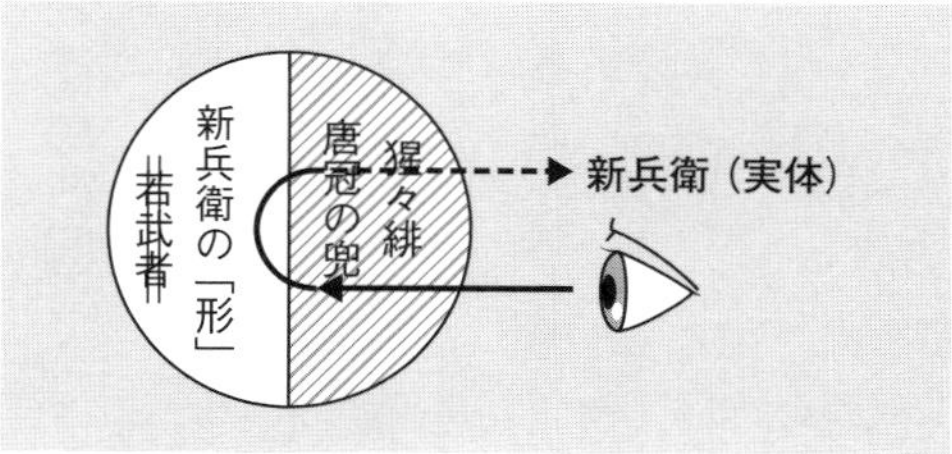

新兵衛の敗因

敗因というならば、「猩々緋と唐冠のかぶと」が新兵衛とは異なる一つの実体となっていたことに気づかなかったことである。武勲を重ねる中で中村新兵衛は「猩々緋と唐冠のかぶと」を着けることで、戦場の華であり敵に対する脅威であり味方にとっては信頼の的である「槍中村」という「記号」をまとっていたのである。その事実が新兵衛に理解できていなかったことであった。数々の武勲で「槍中村」を築き上げてきた自負が現実を見る目を曇らせてしまったということができるだろうか。

しかし、これは私たちが結果を知っているからできる「後づけの分析」であって、戦場にあってこのような分析は不可能であろう。誰も新兵衛を責めることはできない。

問3　中村新兵衛は『常山紀談』の教訓の内容を理解していたのか。

「が、申しておく、あの羽織やかぶとは、申さば中村新兵衛の形じゃわ。そなたが、あの品々を身に着けるうえからは、我らほどの肝魂をもたいでは、かなわぬことぞ。」

この新兵衛から若武者への忠告は、唐冠纓金のかぶと、猩々緋の羽織はあくまでも自分の「形」に過ぎず、実体は、若武者の前にいるこの中村新兵衛であるという認識から生まれたものである。彼の実績に裏づけられたこの認識（自信）こそが彼を悲劇に導いたのだった。

若武者への忠告が意味するのは、「我ら（自分）」の「形」を利用するからには、戦場において「我ら」が示してきたような「肝魂」が伴ってもらわなければ困る。翻って、「我ら」の「形」だけを追い求めても無意味であり、戦《いくさ》においては「肝魂」こそが大切なのだ、という若武者が戦に臨む際の心構えを教えている。

『常山紀談』の教訓

他方、『常山紀談』は、この逸話（「松山新助の勇将中村新兵衛が事」）から「威を輝《かがやか》して気を奪ひ、勢を撓す」威勢を示して（相手の）気力を奪い、勢いを乱す（ことで勝つのだ）」という教訓を引き出している。

『常山紀談』が述べるこの教訓は、戦場における戦術（tactics）である。

一人の武士が敵に臨む心構え、すなわち一対一の戦い、一対多の戦いの状況にある武士を対象とするだけでなく、それを超えて、情勢を分析して用兵する戦を統括する立場にある者を対象とした戦術について述べているのである。どちらかというと後者がメインで述べられている。

それに対して新兵衛から若武者への忠告は、あくまでも初陣を飾る若武者へのはなむけの言葉であり、一人の武士として戦場に臨む際の心構えを述べたものである。

このように新兵衛と『常山紀談』とでは、そもそも発言の目的が違うので、『常山紀談』の教訓に見られる戦術の要素がなくても当然である。

だからと言って新兵衛が『常山紀談』の教訓がいうような戦術を知らなかったと一概に言うことはできない。単身、敵陣に乗り込み、敵の首を取る。その時敵が恐れをなし、味方が勢いを得ていることは認識しているに違いない。つまり新兵衛が「威を輝して気を奪ひ、勢を撓す」ということを自覚的に実践していたことが窺える。

しかし、そのそれを成立させているのは、あくまでも自分の実力であるという揺るがない認識（自信）があるからこそである。

そしてその実力こそが「形」を創造したのであり、またその認識（自信）こそが、「形」が彼自身を凌ぐ「威を輝して気を奪ひ、勢を撓す」力をもってしまったことに気づかせなかったのだった。おそらく「形」の力に新兵衛が気づいたのは、いつもと違う敵兵の様子に気づき、脾腹を貫かれるまでのわずかな時間であったのではなかろうか。

問4 **若い侍の「猩々緋と唐冠のかぶと」の借用の申し出の中に『常山紀談』の教訓に通じるものは含まれていないか。**

「（……）明日は我らの初陣じゃほどに、なんぞ華々しい手柄をしてみたい。ついては、御身様の猩々緋と唐冠のかぶとを、貸してたもらぬか。あの羽織とかぶととを着て、敵の目を驚かしてみとうござる。」

若武者が、唐冠纓金のかぶとと猩々緋の羽織という中村新兵衛が築き上げた「槍中村」の「形」の威力を理解していた訳ではない。

若い侍が、新兵衛の唐冠纓金のかぶと、猩々緋の羽織を身に着けたいと思ったのは、新兵衛への申し出にある通りであろう。

彼の発言が「槍中村」の「形」の威力を正しく理解していたうえでの発言とするならば、彼は、自らの初陣に「華々しい手柄」を立てるために、自らの実力を発揮するのではなく、「槍中村」の「形」を利用することを選択したということになる。

もしそうであるならば、その判断は「威を輝して気を奪ひ、勢を撓す」に叶っていて戦術的には正しい。しかし当時は卑怯な振る舞いとして最も忌避されるべき判断であったにちがいない。

結果的に、「槍中村」の「形」を着けた若武者は、『常山紀談』が指摘したように「威を輝して気を奪ひ、勢を撓す」ことができた。結果はそうはなったが、それは「形」を着けたことによる必然ではあったが、若武者によって当初から意図されたものではなかった。

若武者の発言の真意は、新兵衛が感じ取ったように「相手の子供らしい無邪気な功名心」であり、それ以上でもそれ以下でもなかった。

若い侍の目に映っていた唐冠纓金のかぶとと猩々緋の羽織は、「輝くばかりの鮮やか」な憧れであり、それを着けてみるのが、他ならぬハレの初陣に飾るのに相応しいと思ったのだ。彼は己の初陣を華々しく飾りたいというだけで、槍中村の「形」の威力を理解していたのではなかった。無論それは敵も味方も新兵衛も知りえないことであった。

若武者が初陣を飾ったその日の、唐冠纓金のかぶと、猩々緋の羽織の「槍中村」の正体が若武者であり、黒革縅のよろいと南蛮鉄のかぶとをかぶっていた中村新兵衛がいとも簡単に戦死した事実が敵味方に知れ渡った時、大豪の士中村新兵衛の死とともに彼らははじめて「槍中村」という一つの実体の存在とその力能を知る。知ると同時にその存在と力能は消滅するのである。

9

「故郷」魯迅〔訳〕竹内好

――「私」のいない「地上の道」という名の希望

中学三年

「故郷」を要約すればおおよそ次のようになる。

生まれ「故郷」の家屋敷を整理するために帰郷した「私」は、子供の頃の「美しい故郷」を探し出そうとするが、「故郷」の人々の変わり果てた姿に衝撃を受け、孤立を感じながら、次世代に「希望」を託して「故郷」を後にする。

ところでこのテクストは一体何を語っているのだろうか。要約してみてもよくわからない。そのわかりにくさは、主人公であり語り手である「私」の言動のわかりにくさである。

問1 二十年ぶりに帰郷した「私」の故郷の美しさを具体的に思い浮かべようとするが、「その長所を言葉に表そうとすると、しかし、その影はかき消され、言葉は失われてしまう。やはりこんなふうだったかもしれないという気がしてくる。」このような逡巡の末にあきらめざるを得ないような「私」の「美しい故郷」とは何だったのか。

二十年ぶりの「故郷」の情景は「鉛色の空の下、わびしい村々が、いささかの活気もなく、あちこちに横たわっていた。」であり、それに「私」は「覚えず寂寥の感が胸にこみあげた。」とある。この情景は「美しい故郷」とは程遠い。だからと言って「美しい故郷」がどうであったかを言葉にすることはできない。ただ「私の覚えている故郷は、まるでこんなふうではなかった。私の故郷は、もっとずっとよかった。」と言うしかない。そもそも「私」が回想する少年時代は「彼ら（鈴木注　私の遊び仲間）は私と同様、高い塀に囲まれた中庭から四角な空を眺めているだけ」であり、それを「美しい故郷」とは言いがたい。それでは彼の言う「美しい故郷」は何だったのか。それは閏土《ルントー》との思い出であった。

　今、母の口から彼（鈴木注　閏土）の名が出たので、この子供の頃の思い出が、電光のように一挙によみがえり、私はやっと美しい故郷を見た思いがした。

「私」の脳裏に電光のように一挙によみがえった記憶の最初は「不思議な画面」である。紺碧の空に金色の丸い月がかかり、その下の海辺の砂地、一面にすいかが植わっている。そのまん中で、銀の首輪をつるし、鉄のさすまたを手に立って一匹の「猹《チャー》」を目がけて、ヤッとばかり突く十一、二歳の少年の姿、それは「私」が夢想した閏土の姿である。

　さらに閏土が語ってくれた鳥を捕る仕掛けの話、稲鶏《タオチー》、角鶏《チアオチー》、藍背《ランペイ》、『鬼おどし』、『観音様の手』、猹からすいかを守るために番をする話などが次々と浮かんでくる。

「こんなたくさん珍しいことがあろうなど、それまで私は思ってもみなかった。海には、そのような五色の貝殻があるものなのか。すいかには、こんな危険な経歴があるものなのか。」というが、いずれも一度として「私」は経験することも見ることすらなかったものである。

　閏土の名を聞いて「美しい故郷を見た思いがした」（傍点、鈴木）のは、閏土との思い出こそが記憶の中の「美しい故郷」であったからである。結局「美しい故郷」と呼べるのは、三十年近い昔、十歳の頃に閏土が語った数々の「神秘」と年末から正月すぎまでの数日間を一緒に過ごした思い出だけである。「美しい故郷」とは、「神秘の宝庫」である「閏土の心」であったのだ。彼の話を聞いて「四角な空を眺めているだけ」の「私」が夢想したのがこの「美しい故郷」であったのだ。だからそれは過去にも現在にもどこにも存在したことのない「私」の記憶の中にだけ存在した「美しい故郷」である。閏土こそが「美しい故郷」の象徴であり、「美しい故郷」そのものであった。

閏土の名を聞き、甘い追憶にふけっていた「私」にとって、「美しい故郷」閏土との再会は、幻滅に終わることになる。それを予告するように往時の面影もなくなった楊《ヤン》おばさんが登場する。

楊おばさんという生き方

楊おばさんに次から次へと捲《まく》し立てられ、「返事のしようがないので、私は口を閉じたまま」なす術なく立ちすくむしかない（これについては改めて論じる）。「私」は、かつての「豆腐屋小町」が「製図用の脚の細いコンパス」へとあまりにも変貌したことに戸惑っているが、そんなことに拘泥する者はいない。この混乱期に誰に頼ることなく彼女は逞しく生き抜いている。楊おばさんに家族はいるかもしれないが、少なくともその姿は見えない。この物語の中でその行動の道徳的な評価はともあれ、ただ一人生彩のあるのは楊おばさんである。いつまでも三十年前の「美しい故郷」の幻影を求めて、「坊っちゃん」の感傷を引きづっている「私」に容赦はない。

しかし最も重要なことは、「私」が楊おばさんに「知事様」と呼ばれて、それを否定していないことである。彼女の言うとおりならば、彼は他の登場人物とは明らかに異なる社会的な地位を占めている。「知事様」がいかなる権能を有しているのかは描かれていないが、「私」の取るべき行動は彼らと同等でない。彼が「故郷」の「知事様」ではなかろうと、彼の地位に相応しい行動がある。「私」の言動がわかりにくいのは、彼が果たすべき責務について語ることを巧みに回避する言説だからである。――そう考えるとすべてのつじつまが合ってくる。楊おばさんは、ひ弱な知識階級（インテリゲンチャ）の姿を容赦なく炙り出していく。

物語のクライマックスである「私」と閏土との再会の場面が訪れる。楊おばさんがそうであったように、「私」の記憶にある閏土とは似もつかなかった。それでも「私」は感激で胸がいっぱいになり、子供の頃のように「閏《ルン》ちゃん――」と呼びかける。言葉を続けようとするが、閏土が醸し出す雰囲気がそれをさえぎる。彼の顔に「喜びと寂しさの色が」現れ、最後に、恭しい態度に変わって、彼は「だんな様！……」と言った。それに「私は身震いしたらしかった」（傍点、鈴木）。「らしかった」とは強い衝撃を受けて一瞬間、意識が遠のいたということだろう。続けて語るのは「悲しむべき厚い壁が、二人の間を隔ててしまったのを感じた。」である。確かにそうかも知れない。二人の様子を見ていた「私」の母は、「他人行儀にするんだね。おまえたち、昔は兄弟の仲じゃないか。昔のように、迅《シュン》ちゃん、でいいんだよ。」と閏土を促す。しかし「悲しむべき厚い壁」を壊すのは閏土ではない。もし、それを望むのなら「知事様」である「私」の仕事である。彼がただ一言「そうだよ、閏ちゃん。」と改めて声をかければ済むことだったのではないか。

また閏土がわんや皿を隠していたことを暴き出したのも楊おばさんである。「私」も母も、他の者はどうであれ、閏土だけは貧しくとも道徳心をもっていると信じていたし、そうであって欲しいと願っていたに違いない。だから、二人とも「子だくさん、凶作、重い税金、兵隊、匪賊、役人、地主、みんな寄ってたかって彼をいじめて、でくのぼうみたいな人間にしてしまった」と閏土の境遇に深く同情した。だからこそ、母は、持っていかぬ品物はみんなくれてやろう、好きなように選ばせよう、と言っていたのだ。しかし、厳しい現実を生きる閏土も例外ではなかったのだ。そんな甘い期待や願望も楊おばさんは打ち砕くのである。

なぜ「私」は宏児（ホンル）と水生（スイション）に希望する「新しい生活」を具体的に語らないのか。

閏土との再会から物語は一気に出立の日を迎える。「私」と閏土は「もう話をする暇はな」く別れる。「故郷」を後にする船の中で「私」は、甥の宏児から水生との再会の約束のことを聞き、かつての自分と閏土との関係を重ねて、彼らの未来を案じる。彼らが自分たちのような生活ではない「新しい生活」をもつことを希望するのである。しかし、「私」は「新しい生活」の具体的な内容を語ることなく、それが「希望」に代わって、そ
れが「手製の偶像崇拝」に例えられる。最後まで「新しい生活」について語られることはない。

「新しい生活」——「希望」の具体的な内容

希望をいえば、彼らは新しい生活をもたなくてはならない。私たちの経験しなかった新しい生活を。

宏児と水生がもつべき「新しい生活」とは、「私」や閏土や他の人が送ってきた生活とは異なるものでなければならないということである。そのためには「私」や他の人たちの経験しているあまりに過酷な生活を一新するものでなければならないということである。「新しい生活」を説明するために、「私」や閏土や他の人の現在の生き方を否定する。

せめて彼らだけは、私と違って、互いに隔絶することのないように……とはいっても、彼らがひとつ心でいたいがために、私のように、無駄の積み重ねで魂をすり減らす生活をともにすることは願わない。また閏土のように、打ちひしがれて心がまひする生活をともにすることも願わない。また他の人のように、

やけを起こして野放図に走る生活をともにすることも願わない。

文末はすべて「～する生活をともにすることは願わない」である。ここで「私」自身の生き方を彼らと同列に否定しているが、彼らと「私」は対等ではない。彼らに嘆いている暇などない。一日一日を生きるのに精いっぱいなのだ。その事実に「私」は目を向けない。また、彼らを批評対象にすることは「私」と彼らを批評する側と批評される側とに分断し裂け目を入れることである。彼らと関わらないことを当然とすることでもある。その発想の根底には、彼らの「新しい生活」には「私」たちが関与する余地はないという考えがある。だが、それは、同時に「私」と宏児たちとの間に明確な境界線を引くことである。「私」は関与すべきではないから、関与しないのだという言い逃れにも読み取れる。

語り始められた「新しい生活」は唐突に次の言葉で「希望」へと変わる。

希望という考えが浮かんだので、私はどきっとした。

「希望」に話題を移したのは「どきっとした」ためなのだろうか。「新しい生活」の話題には戻らず、この後、触れられることもない。この「希望」も「新しい生活」との関連で語られることはなく、具体性のない「希望」の一般論で語られ、その「希望」も「手製の偶像」というメタファーで語られる。

「手製の偶像」

希望という考えが浮かんだので、私はどきっとした。たしか閏土が香炉と燭台を所望したとき、私は、あいかわらずの偶像崇拝だな、いつになったら忘れるつもりかと、心ひそかに彼のことを笑ったものだが、今私のいう希望も、やはり手製の偶像にすぎぬのではないか。ただ彼の望むものはすぐ手に入り、私の望むものは手に入りにくいだけだ。

「今私のいう希望も、やはり手製の偶像にすぎぬのではないか。」

「手製の偶像」という着想は、閏土が香炉と燭台を所望したことを「偶像崇拝」だと心密かに笑ったことから来ている。「偶像崇拝」とは、「尊重すべき実体のないものを無批判的に崇拝すること」（松村明編『大辞林』一九八八年第一刷）である。「手製の偶像」とは「自分が勝手に作り出した尊重すべき実体のないもの」となる。自嘲気味ではあるといえ「私」は、「希望」を「実体のないもの」と捉えていることがわかる。

ところで、なぜ「新しい生活」から「希望」、「手製の偶像」へと目まぐるしく展開させるのだろうか。これがテクストをわかりにくくしているのだ。

目まぐるしく展開させているのは、「新しい生活」について語ることを避けるためである。具体的に語っていれば、「手製の偶像」や「地上の道」による「希望」論は必要ない。

では、なぜ「新しい生活」について語らないのだろうか。最も可能性の高いのは、それについて言及することで責任が生じることになるからである。揚おばさんが明らかにしたように彼は「知事様」であり、彼だけが社会の現状に責任を有する。「私」が「新しい生活」とはこうあるべきだと語れば、それは一種の公約となる。実現に向けて責務が生じるからである。だから話題を「希望」へと巧みに移行して議論を避けていると考えられる。

小英雄 閏土の消失

まどろみかけた私の目に、海辺の広い緑の砂地が浮かんでくる。その上の紺碧の空には、金色の丸い月がかかっている。

この情景描写は、「私」が母から閏土の名を聞いた時に思い浮かべた情景に酷似する。それはこうだった。

紺碧の空に金色の丸い月がかかっている。その下は海辺の砂地で、見渡す限り緑のすいかが植わっている。そのまん中に十一、二歳の少年が、銀の首輪をつるし、鉄のさすまたを手にして立っている。

この類似する二つの風景において明らかな相違は、小英雄 閏土の姿の有無である。すでに考察したように、「美しい故郷」とは小英雄 閏土との思い出であった。なぜ海辺の広い緑の砂地に閏土の姿が消失したのか。この叙述の少し前には、いよいよ故郷を去るというその時、故郷とともに閏土のことが思い出される。

古い家はますます遠くなり、故郷の山や水もますます遠くなる。だが名残惜しい気はしない。（……）すいか畑の銀の首輪の小英雄のおもかげは、もとは鮮明このうえなかったのが、今では急にぼんやりしてしまった。

小英雄のおもかげは、故郷に対する名残惜しい気がしなくなったことに呼応して失われていくように表現されている。つまり、故郷が名残惜しくなくなったことが原因で、小英雄 閏土のおもかげがぼんやりしてきた、と「私」は語っているのである。

しかし実際には因果関係は逆である。「美しい故郷」とは閏土の思い出であった。とすれば、「美しい故郷」である小英雄の面影は、閏土の今の現実を知れば知るほど失われていく。極めつけは、楊おばさんが暴いた閏土が灰の中に食器を隠していたという事実であった。小英雄 閏土の面影が薄れることで、「私」の故郷に対する思いが薄れていき、故郷に対する名残惜しい気が失われていくのである。

閏土の名を母から聞いたときに想起したイメージの鮮明であった小英雄 閏土がここに至って消失したことは、「美しい故郷」が消失したことを表している。「美しい故郷」が消失してしまった今、現実の故郷に対してもはや未練はない。「私」は現実の故郷と絶縁したのである。

「地上の道」

現実の故郷と絶縁した「私」は、「希望」について今度は「地上の道」のメタファーで語る。

思うに希望とは、もともとあるものともいえぬし、ないものともいえない。それは地上の道のようなものである。もともと地上には道はない。歩く人が多くなれば、それが道になるのだ。

なぜ「道」ではなくあえて「地上の道」と表現するのか（傍点、鈴木）。その理由は、「自分が人生において進むべき方向、進路」という意味との差別化である。「自分が人生において進むべき方向、進路」という意味ではすでに「今自分は、自分の道を歩いているとわかった。」の「自分の道」で用いられている（傍点、鈴木）。この言葉は、閏土が食器を灰の中に隠していたことを教えられた後、次の叙述に続いて使われている。

古い家はますます遠くなり、故郷の山や水もますます遠くなる。だが名残惜しい気はしない。自分の周りに目に見えぬ高い壁があって、その中に自分だけが取り残されたように、気がめいるだけである。すいか畑の銀の首輪の小英雄のおもかげは、もとは鮮明このうえなかったのが、今では急にぼんやりしてしまった。これもたまらなく悲しい。（……）私も横になって、船の底に水のぶつかる音を聞きながら、今自分は、自分の道を歩いているとわかった。（傍点、鈴木）

「自分の道を歩いているとわかった」というのは、「自分だけが取り残された」ということである。この帰郷で、自分と同じ人生を進み、自分の生き方に共感する者が誰もいなかったことに気づかされたということである。言い換えれば、自分は周囲からの孤独、疎外感を感じたということである。

続けて、宏児と水生との関係に触れて、次のように述べる。

思えば私と閏土との距離は全く遠くなったが、若い世代は今でも心が通い合い、現に宏児は水生のことを慕っている。せめて彼らだけは、私と違って、互いに隔絶することのないように……とはいっても、彼らがひとつ心でいたいがために、私のように、無駄の積み重ねで魂をすり減らす生活をともにすることは願わない。また閏土のように、打ちひしがれて心が麻痺する生活をともにすることも願わない。また他の人のように、やけを起こして野放図に走る生活をともにすることも願わない。

これは、宏児と水生の幸福を願って語っているのだが、それを語るのに「私」の、閏土や他の人に対する関係を例にあげている。それ故に「私」の故郷の人々に対する考えがわかる。

ここで「私のように、……生活をともにすることは願わない。閏土のように、……生活をともにすることも願わない。他の人のように、生活をともにすることも願わない。」と「ともにすることを願わない」という表現を三度繰り返している。結局、「私」は故郷の誰とも生活をともにすることは望まない、という「私」自身の態度表明に他ならない。

先の「自分の道を歩いていることがわかった」と、この表明から次のことが推測できる。周りの人間の無理解に孤立感、疎外感を感じた「私」は、閏土を含めた「他の人の道」すなわち彼らの生き方に合わせることはできない代わりに、閏土らに「私の道」に合わせることも求めない——ということである。言い換えれば、「私」は他人の生き方に干渉しない代わりに、他人に「自分の道」を干渉されることも望まないということである。

ここからは、「私」の生き方を他の人と共生するために変えようとは考えていないし、ましてや閏土を含めた他の人の生き方（生活）を改革するために行動しようという発想は読み取ることができない。

そこで「地上の道」である。言うまでもないが、この「地上の道」が「希望」を語るのに「歩く」という言葉とともに用いられているからというだけで、たとえば高村光太郎『道程』にあるような困難に立ち向かう断固たる決意や未来へ切り拓いていく「私」の意志というようなものを読み取ったとしたら、それは明らかな間違いである。

思うに希望とは、もともとあるものともいえぬし、ないものともいえない。それは地上の道のようなものである。もともと地上には道はない。歩く人が多くなれば、それが道になるのだ。

すでに見たように「自分が人生において進むべき方向、進路」を「自分の道」で表現しているから、「地上の道」は「道」の原義である「人や車などが往来する所」を表している。「進路」という意味は排除される。もともとなかった「地上の道」ができるのは、歩く人が多くなったときだという。この「地上の道」ができる過程は、「けもの道」と同じである。「けもの道」とは「鹿や猪などけものの往来によって，いつの間にかできた山中の細い道」である（『大辞林』）。それを次のように書き換えれば、物語での「地上の道」の説明となる。

人の往来によって、すなわち歩く人が多くなって、いつの間にかできたもともとなかった道。

これまで見てきたように、宏児と水生の「新しい生活」に「私」は関与をしない。

当然ながらこの「地上の道」の形成にも「私」は関わらない。

したがって、物語の最後の四文は後のように書き換えることができる。

思うに希望とは、もともと「偶像」のように実体のないものである。それは地上の道のようなものである。もともと地上には道はない。「私」はそれには関与しないが、誰かが描きはじめ、それに追従する人が増えれば、いつの間にか、希望は生まれる。

誰かが「希望」のビジョンを描きはじめ、それに賛同する人が増えていき、いつの間にか人々の前に「希望」が形をもって現れてくるというのである。それは宏児や水生らの新しい世代であるが、「私」ではない。結局、「道を歩く人」すなわち「希望のビジョンを描く人」の中に「私」の姿はない。

「宏児と水生の新しい生活」はついに具体的に語られることなく、「希望」一般論に転じ、「偶像崇拝」から「地上の道」で語られる。ここで一貫しているのは、「私」は新たな社会の改革に関与しないという自身の正当性を主張しているのである。それを自己弁護ということもできる。

しかし、この物語は自己弁護、自己の正当性を主張しているだけだとする読み方も正しくない。既に見たように、楊おばさんと再会した場面で「私」は、彼女の勢いに完全に飲まれてしまって何ひとつ返

図1 故郷を離れていく「私」

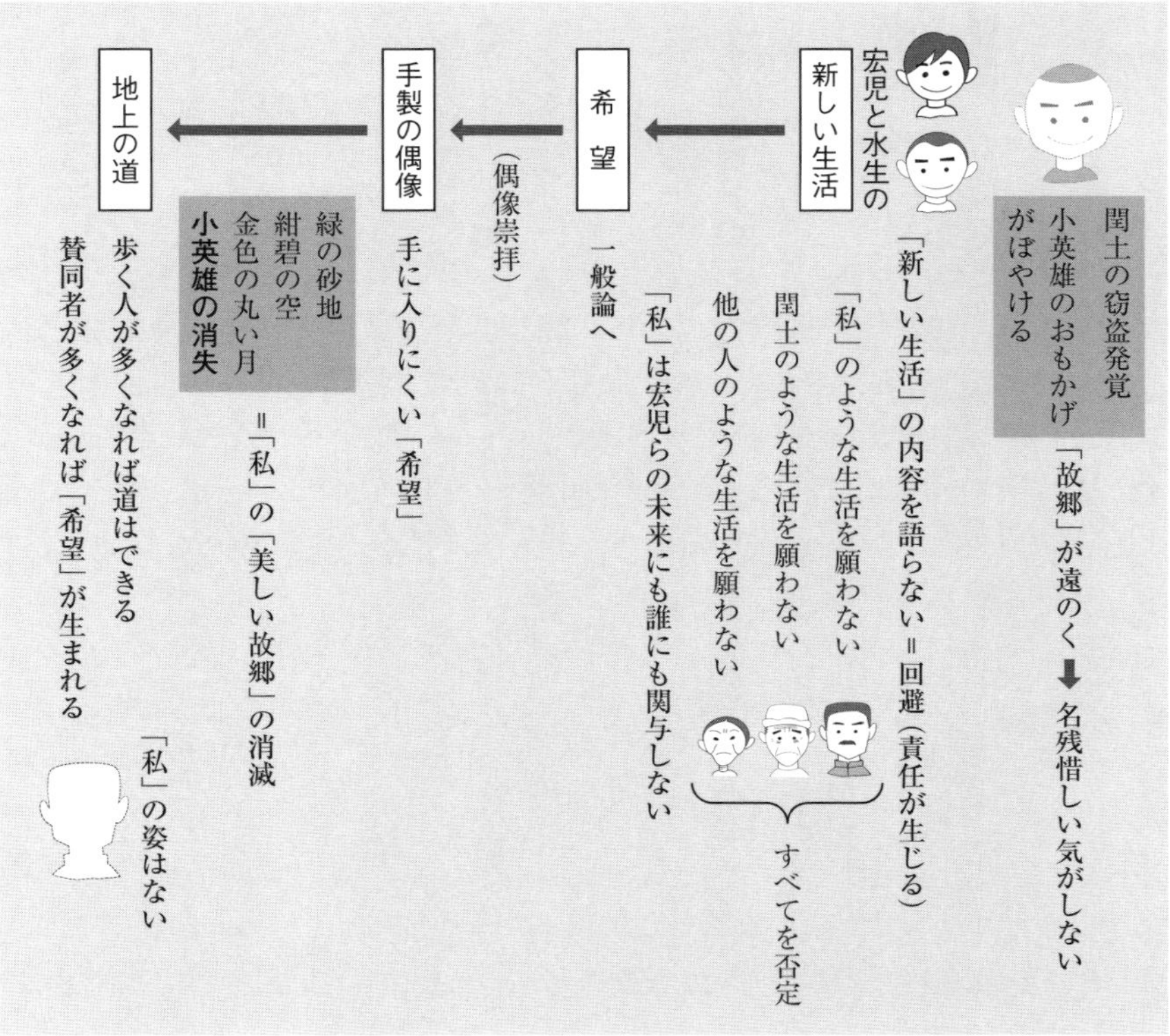
閏土の窃盗発覚
小英雄のおもかげがぼやける
「故郷」が遠のく
名残惜しい気がしない
宏児と水生の
新しい生活
「新しい生活」の内容を語らない＝回避（責任が生じる）
「私」のような生活を願わない
閏土のような生活を願わない
他の人のような生活を願わない
すべてを否定
「私」は宏児らの未来にも誰にも関与しない
希望
一般論へ
（偶像崇拝）
手製の偶像
手に入りにくい「希望」
緑の砂地
紺碧の空
金色の丸い月
小英雄の消失
＝「私」の「美しい故郷」の消滅
地上の道
歩く人が多くなれば道はできる
賛同者が多くなれば「希望」が生まれる
「私」の姿はない

すことができていなかった。

胸の中では楊おばさんを「コンパス」と蔑《さげす》んでいるにもかかわらず、彼女に捲し立てられ「どきんとした。」「ますますどきんとした。」「私はどぎまぎして、立ち上がった。」という態度しか取れない。やっと返せたのは、「そんなわけじゃないよ……。僕は……」「僕は金持ちじゃないよ。これを売って、その金で……。」であって、反論にすらなっていない。知識人の面目はない。

現実を変革する自らの責任について「私」は無関係であるということを巧みに述べているのを、これまで見てきた。しかしここには自らを美化したり弁解したりする描写はない。

矛盾するこの二つをどのように考えればよいのだろうか。

確かに「私」は現実を変革できない自分を正当化している。しかし過酷な現実を完全に無視して知らぬ顔を決めこむことも可能であった。知らぬ顔ができないから正当化するのであり、閏土らを完全に無視することに疎ましさを感じるから自己弁護するのである。それを誠実さと呼ぶ。だから、かつては「豆腐屋小町」と呼ばれていたかも知れないが、それでも一人の市井の女性に過ぎない楊おばさんに翻弄される姿も隠さずに描写しているのである。

かつて「迅ちゃん」と呼ばれた「私」

この物語は一人称の「私」の語りである。当然ながら、物語において、一人称の語り手「私」と作者と同一ではないというのが物語読解の基本的な「約束事」である。しかし、あえて物語の中で「私」を「迅ちゃん」と故郷の人々に呼ばせている。そのねらいは、この物語は、フィクションを装っているが、少年期に「迅ちゃん」と呼ばれていた「魯迅」その人の経験ではないのか——と読者に思わせることである。

かつて「迅ちゃん」と呼ばれていた「私」は、理想を語るがその内容は空虚であり、現実に立ち向かうと対応できず、だからといって無視を決め込むことができず、自己の正当化を図り、自己弁明に走る。

このテクストにおいて、魯迅は、自分はそのような知識人にすぎない、と告白している、ということになる。

しかし、話はそう簡単ではない。魯迅の本名は「魯迅」ではないのだ。魯迅の本名は「周樹人」であって少年期に「迅ちゃん」と呼ばれたことはなかったはずである。つまり少年期に「迅ちゃん」と呼ばれた人物は存在していない。筆名が本名である小説家が、自伝的要素をもつ小説において「私」を本名と異なる名で登場させることはよくある。それは、この小説に登場する「私」は「私」をモデルとするが「私」本人ではないということである。

「私」＝「迅ちゃん」という虚構の人物に知識人の限界をカリカチュアする作者・魯迅の存在を無視することはできないだろう。

自己を正当化し、自己弁護を試みる姿も描いているのである。

◉注

＊1 合理化（rationalization）とは、満たされなかった欲求に対して、理論化して考えることにより自分を納得させること。イソップ寓話「すっぱい葡萄」が例として有名。狐は木になる葡萄を取ろうとするが、上の葡萄が届かないため、「届かない位置にあるのはすっぱい葡萄」だと口実をつける。

物語の最後の「希望」についても「合理化」を行っていると見ることができる。

10 「坊っちゃん」　夏目漱石

――愛を知らなかった少年が捧げた清へのオマージュ

中学三年

問1 「親譲りの無鉄砲で子供のときから損ばかりしている。」という坊っちゃんの行動は確かに「無鉄砲」と言うべきだが、両親に「無鉄砲」をうかがわせるものはないのに「俺」が「親譲り」と言うのはなぜか。

同級生に挑発されて小学校の二階から飛び降りたり、ナイフの切れ味を示すために自分の親指の甲を切りこんだりした。それを「俺」は「親譲りの無鉄砲」すなわち「親ら受け継いだあとさきを考えずに行動する気質のせいだ」と言っている。また近所の子を六尺（約一・八メートル）も下に突き落としたり、死活問題である田んぼの水を行かないように井戸を埋めたりと「いたずら」と呼ぶには度の過ぎた乱暴な行動を繰り返している。これも「親譲り」なのだろうか。「親譲りの無鉄砲」というが、「俺」からは少なくとも今の両親に無鉄砲とうかがわせる逸話はまったく語られていない。それどころか両親は「俺」の無鉄砲な行動やいたずらに翻弄され、後始末に追われ、心身ともに疲れ果てている――そんな姿が浮かんでくる。それにもかかわらず「俺」が「親譲りの無鉄砲」と言うのはなぜだろうか。

「俺」の「無鉄砲」は、日時も場所も内容もまた被害者もまちまちであるが共通点が一つある。最終的にはすべて父や母が責任を負い後始末に追われ、彼らに心労がかかるということである。しかしそれは両親を困らせるためではない。彼が親を欲しているからである。

「俺」は両親を回想して言う。おやじは「ちっとも俺をかあいがってくれなかった」「俺を見るたびにこいつはどうせろくな者にはならない」「人の顔さえ見ればきさまはだめだだめだと口癖のように言っていた」。母は「兄ばかりひいきにしていた」し「乱暴で乱暴で行く先が案じられる」と言っていた、と。母も死ぬ三日前にあいそを尽かし、父は年中もてあまし、町内では乱暴者の悪太郎とつまはじきにする。だから坊っちゃんは「とうてい人に好かれるたちでないと諦めていたから、他人から木の端のように取り扱われるのはなんとも思わない」と言う。しかし「なんとも思わない」はずがない。そう思わなければ生きていけなかったのだ。

なぜ坊っちゃんが「無鉄砲」を、親に無鉄砲をうかがわせるものがないのに「親譲り」と認識するのか。それを明らかにする理路は複雑である。そこで、最初に「無鉄砲」やいたずらを繰り返す理由を明らかにし、その後に「親譲り」と認識している理由を明らかにしていく。

なぜ「無鉄砲」やいたずらを繰り返すのか

「無鉄砲」を繰り返すことが、坊っちゃんにとって親を求めるということであり、より具体的に言えば、自分を見てほしい、親と子の確かな証やつながりが欲しいということである。

「無鉄砲」が自分を見てほしいという行為であることは容易に察しがつくだろう。*1

おやじは「ちっとも俺をかあいがってくれなかった」し、母が「兄ばかりひいきしていた」のを目の当たりにし日々を送り、自分も両親に見てほしい、自分も確かに父と母の子であるのだと確かな証やつながりがほしいと願っていたと考えるのに無理はなかろう。

しかし、親に自分を見てもらおうとして見てもらえなければ、親との確かなつながりを求めてつながりが見つからなければ――それに耐えられないから親を求める気持ちを無意識の層へと抑え込んでしまう（図1「な

図1 なぜ「無鉄砲」やいたずらを繰り返すのか

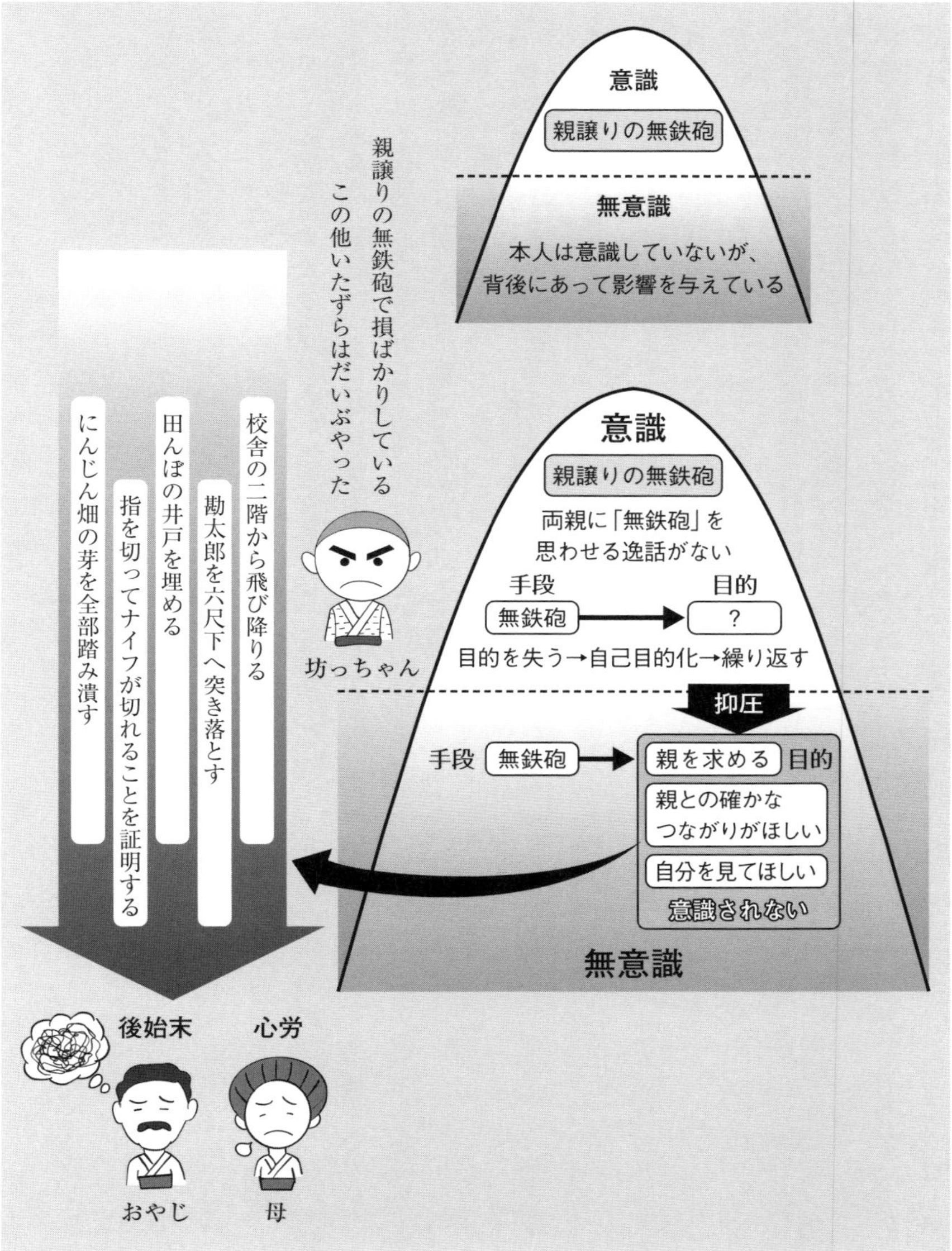
意識
親譲りの無鉄砲
無意識
本人は意識していないが、
背後にあって影響を与えている
親譲りの無鉄砲で損ばかりしている
この他いたずらはだいぶやった
坊っちゃん
意識
親譲りの無鉄砲
両親に「無鉄砲」を
思わせる逸話がない
手段
無鉄砲
目的
?
目的を失う→自己目的化→繰り返す
抑圧
手段
無鉄砲
親を求める
目的
親との確かな
つながりがほしい
自分を見てほしい
意識されない
無意識
校舎の二階から飛び降りる
勘太郎を六尺下へ突き落とす
田んぼの井戸を埋める
指を切ってナイフが切れることを証明する
にんじん畑の芽を全部踏み潰す
後始末
心労
おやじ
母

ぜ「無鉄砲」やいたずらを繰り返すのか」)。

「無意識」とは「本人は意識していないが、種々の人間現象の背後にあって影響を与えている心の深層」(『ベネッセ表現・読解国語辞典』)であり、坊っちゃんの場合、「無意識」に抑え込んだ「親を求める」という気持ち(これを「抑圧」という)が彼の人間現象に影響を与えている。

抑圧された「親を求める」気持ちが行動へと表れたのが「無鉄砲」であり、いたずらである(以下、「無鉄砲」といたずらを併せて「無鉄砲」とする)。「無鉄砲」は「親を求める」という目的に遂げるための手段なのである。

しかし、「親を求める」という目的は無意識の層へと抑圧されているために、意識の層には浮上してこない。だから、「俺」は「無鉄砲」に目的があるとは思っていない。目的を失った手段はそれ自体が目的とならざるを得ないから(自己目的化)、自己増殖する。だから坊っちゃんは「無鉄砲」な行為やいたずらを「ずいぶんやった」と回想する程、それを繰り返していくのである。

なぜ「親譲り」なのか

このように繰り返される「無鉄砲」はその都度、「俺」に親の存在を感じさせる(**図2**「なぜ「無鉄砲」は「親譲り」なのか」)。自分が親を求めて「無鉄砲」を繰り返しているのだから、当然であるが、その気持ちは無意識の層に抑圧されているために、意識には表れてこない。ただ親が意識されるだけになる。だから「俺」は「無鉄砲」を繰り返す原因を「親」だと(意識の層で)思うのである。つまり「親」が原因で自分は「無鉄砲」を繰り返しているのだと認識する。坊っちゃんに限らず人間はこのようにしばしば原因(手段)と結果(目的)を取り違える。

さらに彼の「親を求める」という無意識の願望には「自分を見てほしい」とともに「親と確かなつながりが

図2 なぜ「無鉄砲」は「親譲り」なのか

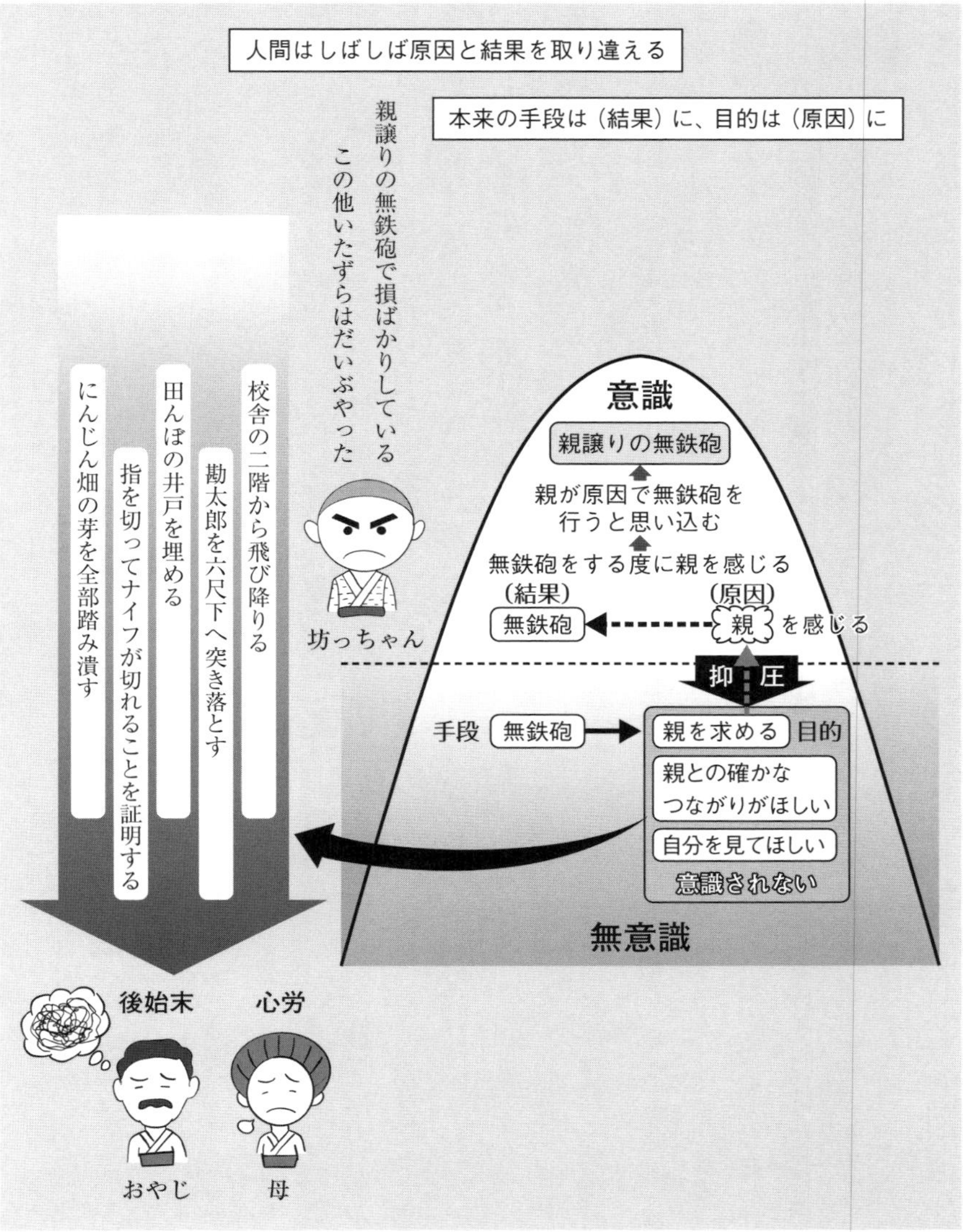
人間はしばしば原因と結果を取り違える
本来の手段は（結果）に、目的は（原因）に
親譲りの無鉄砲で損ばかりしている
この他いたずらはだいぶやった
坊っちゃん
校舎の二階から飛び降りる
勘太郎を六尺下へ突き落とす
田んぼの井戸を埋める
指を切ってナイフが切れることを証明する
にんじん畑の芽を全部踏み潰す
後始末
心労
おやじ
母
意識
親譲りの無鉄砲
親が原因で無鉄砲を行うと思い込む
無鉄砲をする度に親を感じる
（結果）
無鉄砲
（原因）
親
を感じる
抑圧
手段
無鉄砲
親を求める
目的
親との確かなつながりがほしい
自分を見てほしい
意識されない
無意識

欲しい」というものがあった。確かなつながりとは、親と自分との間に夾雑物がない親と自分が直結する関係である。親が原因であるがゆえに自分が「無鉄砲」を行っている「親から自分が譲り受けた」というのは、両者の間に何ものも介在しない究極のつながりである。そうあってほしいという無意識の願望が「親譲り」という言葉にこもっている。しかし、親を求めた「無鉄砲」は彼らを疲弊させ、繰り返すたびに悪循環を招き、両親の愛は一層彼から離れていった。愛を求めるが故に愛を失う行為——それが「親譲りの無鉄砲」なのである。この言葉には、坊っちゃんの、受け入れられることのない切ない親の愛への渇望が刻印されている。

しかも坊っちゃんはいつも大切な人のメッセージを読み間違える。

その典型的な例が、二階から飛び降りて腰を抜かした時の、母の臨終に立ち会えなかった時の、そして父から勘当を言い渡された時の彼の言動である。

「二階ぐらいから飛び降りて腰を抜かすやつがあるか」という父の言葉は、負ぶってきてくれた小使（学校用務員）を念頭に置いて「腰を抜かして負ぶってもらうような迷惑をかけるな」という意味で言っている。父が坊っちゃんに求めていたのは、小使に家までおぶって連れてきてくれたことに対するお礼と「もう二度とこんな馬鹿な真似はしません」という謝罪の言葉である。しかし、彼は自分の置かれた状況を一切考えることなく文字通りの意味に受けとめ、「この次は抜かさずに飛んでみせます」と答えてしまっている。

また母の臨終の際も、その二、三日前に台所で宙返りをしてへっついの角で肋骨を打ち、母の「おまえのような者の顔は見たくないと言うから」という言葉を文字通りに捉えて、「親類へ泊まりに行っていた」ために立ち会えなかった。母が病気であったことは「そう早く死ぬとは思わなかった」「そんな大病なら」と言っているように彼は知っていた。母も、彼が自分の病気を知っていることを前提に指導の入らない嘆きをおそらく強い口調で「おまえのようなものの顔は見たくない」と言ったのだ。彼が「もう少しおとなしく」することを期待したからである。さすがに坊っちゃんも母に心労を与えたと自覚していたからこそ、兄に彼のために「お

図3「坊っちゃん略年譜」

一八八〇（明治十三）年
兄、誕生
一八八二（明治十五）年
坊っちゃん誕生（兄と2歳違い）
一八八六（明治十九）年（4歳）
清、奉公
一八九三（明治二十六）年（11歳）
勘太郎と組み打ち
一八九六（明治二十九）年（14歳）
母、死去
兄の眉間に将棋の駒をたたきつけ出血、父が勘当を言い渡す。
十年来召し使っている清という下女が……
一九〇二（明治三十五）年（20歳）
1月父、卒中で死去（母の死から6年目）
4月私立中学校（5年制）卒業　6月兄、商業高校卒業（22歳）
物理学校（3年制）入学
一九〇五（明治三十八）年（23歳）
7月物理学校卒業
9月四国辺の中学校に数学教師として赴任　**教員生活（2か月程度）**
「履歴書にもかいときましたが二十三年四ヵ月ですから」
10月戦勝を祝う会　※10・16ポーツマス条約批准の頃上野公園で海軍大歓迎会
10月末辞職し、帰京「東京で清とうちを持つんだ。」
街鉄の技手として就職　**清との生活（3か月程度）**
一九〇六（明治三十九）年（24歳）
2月清、肺炎にかかり死去
3月語っている「現在」

「俺」のこの回想は「今年の二月」と言っている以上、三月頃のものである。
清の死の悲しみがまだ消えぬうちに、「俺」は語りはじめたのである。

岩波文庫『坊っちゃん』平岡敏夫の注・解説を基に作成

っかさんが早く死んだんだ」と図星を指され「悔しかったから、兄の横っ面を張った」のである。しかし、彼以上に悔しかった、いや辛かったのは自分の一言がきっかけで坊っちゃんを親戚の家に行かせてしまった母であったであろう。「なぜあの子を家から出させてしまったんだろう。こんな行動をとることは予想出来なかったことではなかったのに」そんな母の気持ちは永久に坊っちゃんには届かなかった。

兄の眉間に将棋の駒をたたきつけて父に勘当を言い渡されたときに取るべき態度は「もうしかたがないと観念して先方の言うとおり勘当されるつもりでい」ることではない。「勘当」とは本来、「江戸時代、親子関係を断つこと。奉行所に届け出て公式に親子関係を断つのが本来のあり方だが、公にせず懲戒的な意味を持たせるだけの『内証勘当』も行なわれた」

（『精選版 日本国語大辞典』）とあるように、当時（一八九六年 明治二十九年）はまだそのような意味合いが残っていると考えられる。文字通り誰にも頼らず一人で生きていくということであった（図3「「坊っちゃん」略年譜」参照）。十四歳の「坊っちゃん」が自活しなければならない。生活する術がなければ「生きていけない」ということである。坊っちゃんが取るべき態度は、清が行った「おやじの怒りが解け」るまで「泣きながらおやじに謝」ることであり、それが本来、坊っちゃんがすべきことだった。

私たちはその言葉が発せられた状況や経緯などの情報（コンテクスト）と照らし合わせながら、その言葉から派生する意味や言外にほのめかす意味を理解しながら、コミュニケーションを成立させている。しかし、坊っちゃんはこのように彼は相手の言葉を文字通りの意味にしか捉えられず、コミュニケーションが成り立たない。おそらく彼はこんなことを繰り返してきたのであろう。それでまた孤立を深めていっただろう。

ここには、愛を知らず、愛に焦がれていることに気づかずに、孤立を深める不器用で寂しい少年の姿がある。そんな彼を両親にかわって無条件に受け止めて愛を注いだのが、下女の清だった。

清は坊っちゃんを「まっすぐでよいご気性だ」「心がきれいだ」とほめる。今まで受けたことのない愛から生じる感覚や感情に対する違和感に戸惑い、それを彼は「ときどきは子ども心になぜあんなにかあいがるのかと不審に思った。つまらない、よせばいいのにと思った。気の毒だと思った。」としか表現できないでいる。「気味が悪い」や「教育のない婆さん」などと憎まれ口で表現してしまうのだった。

語り手「俺」は本心を語らない――「語る」は「騙る」――

「松山中学在任当時の体験を背景とした初期の代表作。物理学校を卒業後ただちに四国の中学に数学教師として赴任した直情径行の青年〝坊っちゃん〟が、周囲の愚劣、無気力などに反撥し、職をなげうって東京に帰る。主人公の反俗精神に貫かれた奔放な行動は、滑稽と人情の巧みな交錯となって、漱石の作品中最も広く愛

読されている。近代小説に勧善懲悪の主題を復活させた快作である。（新潮文庫『坊っちゃん』作品紹介）

「坊っちゃん」の概要を要領よくまとめている。しかし、「坊っちゃん」は滑稽と人情を交錯させ、直情径行の青年の奔放な行動が勧善懲悪を主題として描かれた快作というばかりではない。確かに、一人称の語り手「俺」の歯切れのよい江戸っ子の口調に乗せられて表層だけを読めば「直情径行」と言える。それでは坊っちゃんが相手の言葉を文字通りの意味にしか解しなかったのと同じで、その読みも「俺」の言葉を文字通りの意味しか解していない。「俺」の語りには彼の無理解や誤解がある。しかも一人称の「俺」は本心を語らないのである。[*2] 彼は決して嘘はつかないが、江戸っ子の口調に「本心」が隠れる。彼の含羞が本心を語らせないのであって、本心を隠すには威勢のいい江戸っ子口調は打ってつけである。つまり彼の「語り」には無意識の「騙《かた》り」がある。私たちは「俺」の言葉を額面どおり受け取ってはならない。しかし、今は亡き清を語るとき隠そうとしても感情が溢れてしまう（**図4**「「坊っちゃん」語りの構造」）。

プラットフォームでの別れの清の言葉「もうお別れになるかもしれません。ずいぶんご機嫌よう。」に始まる場面がそうである。

（清の）目に涙がいっぱいたまっている。俺は泣かなかった。しかしもう少しで泣くところであった。

本心を語らない「俺」であるが「俺は泣かなかった」では済ませられない。「俺」も清と同じように別れがつらかったという本心を「しかしもう少しで泣くところであった。」と付け加えずにはいられない。

汽車がよっぽど動きだしてから、もうだいじょうぶだろうと思って、窓から首を出して振り向いたら、やっぱり立っていた。なんだか大変小さく見えた。

図4「坊っちゃん」語りの構造

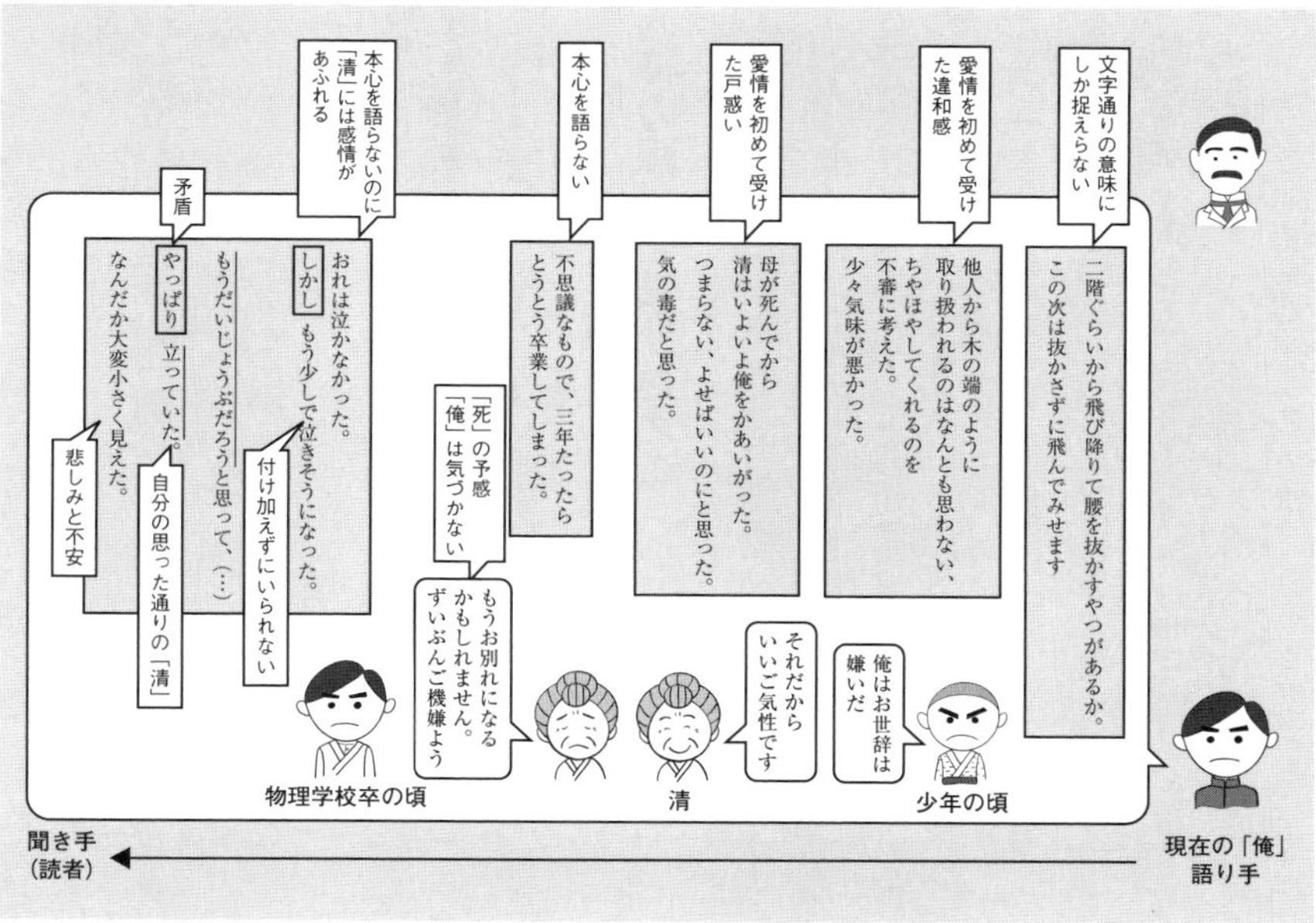
文字通りの意味にしか捉えらない
二階ぐらいから飛び降りて腰を抜かすやつがあるか。この次は抜かさずに飛んでみせます
俺はお世辞は嫌いだ
少年の頃
愛情を初めて受けた違和感
他人から木の端のように取り扱われるのはなんとも思わない、ちやほやしてくれるのを不審に考えた。少々気味が悪かった。
それだからいいご気性です
愛情を初めて受けた戸惑い
母が死んでから清はいよいよ俺をかあいがった。つまらない、よせばいいのにと思った。気の毒だと思った。
清
もうお別れになるかもしれません。ずいぶんご機嫌よう
本心を語らない
不思議なもので、三年たったらとうとう卒業してしまった。
「死」の予感「俺」は気づかない
本心を語らないのに「清」には感情があふれる
おれは泣かなかった。しかし もう少しで泣きそうになった。
付け加えずにいられない
もうだいじょうぶだろうと思って、(…)
矛盾
やっぱり 立っていた。
自分の思った通りの「清」
なんだか大変小さく見えた。
悲しみと不安
物理学校卒の頃
現在の「俺」語り手
聞き手（読者）

「もう大丈夫だろう」と「立っていた」とが矛盾している。「もう大丈夫だろう」とは清が諦めて帰路についたと思えるくらい十分に汽車が離れ、悲しみにくれる清の姿を見ないですむということであり、だからそこにはもう清は立っていないことになる。それにもかかわらず「俺」は、「立っていない」と予想していたにもかかわらず、清が「立っていた」ことが彼の中では矛盾せず「やっぱり」と受け容れている。

悲しみにくれる清を見るに耐えないからと振り向かないと決めていたが、「やっぱり」清の存在を振り返って確認しないではいられない。清のことだから自分のことをいつまでも気にかけてプラットフォームにいるにちがいないと思うからだ。そんな振り子のように揺れ動く居ても立ってもいられない気持ちが、ただ車窓から振り返るのでは足りなくて「窓から首を出」さずにはいられない。

「やっぱり立っていた」というのは、清はやはり「俺」の知っている思ったとおりの清だっ

たという安堵である。それとともに遠近感で感じられる以上に「大変小さく見えた」清の姿から彼女の寂しさを見出すとともに寂しさだけでは捉えきれない何かを「なんだか」と表現する。「なんだか」は不安となって四国に旅立つ坊っちゃんの胸に清の寂しさとともに刻まれることとなる。

問2 出立の日にプラットフォームでの見送りで、清は「もうお別れになるかもしれません。ずいぶんご機嫌よう。」と言うが、坊っちゃんとの別れがつらく、体調を崩して気持ちが弱っているといってもあまりに感傷的すぎないか。

一人称の限界を乗り越える

プラットフォームまで見送りに来た清が汽車へ乗り込んだ坊っちゃんの顔をじっと見て「もうお別れになるかもしれません。ずいぶんご機嫌よう。」と小さな声で言った。清のこの言葉が意味するところは「これが今生の別れになります。もう二度と生きてお会いすることはできません。いつまでもお元気でいてください。」である。

それを考えるために時間を三日前に戻すことにする。

「俺」の視点から、出立三日前に訪れた時の清は次のように語られる。風邪で寝ていた清は「俺」の来たのを見て起き直るが早いが「いつうちをお持ちなさいます」と聞く。学校を卒業すれば金が湧いてくると思っているような世間知らずには呆れるが、「当分うちは持たない。田舎へ行く」と言うと彼女が非常に失望した様子だったので俺は「気の毒だから」「慰めてや」る。それでも「妙な顔をしている」から、ついには土産で機嫌を取ろうとするが、結局、話がかみ合わなくて、対応に「ずいぶんもてあました。」ということになる。まるで子供扱いである（図5「清の気持ち」上段の坊っちゃん「俺」発言・気持ち・考え）。

しかし土産の話がかみ合わなかったのは、清のせいではない。「越後の笹あめなんて聞いたこともない。」と「俺」は思っているが、「江戸時代から有名」*2であって「俺」が知らないだけで清がありもしない架空の土産物を作り出している訳ではない。「箱根の先ですか手前ですか。」と問うたのも「田舎に行く」と言ったきり、具体的な地名を教えていないからである。*4江戸時代、一般的に女性が旅行をするということはなかった。しかも瓦解前に「由緒のある者」であった清なら、旅行というものをしたこともなかった、おそらく江戸を一歩も出たことがなかったと考えられる。だから「箱根の先か手前か」という発想は箱根八里の難所にあったいわゆる入鉄砲出女を監視した「箱根関」から来ているのだろう。しかしいくら旅行経験のない清でも「四国に行く」と言えばこんなやり取りにはならなかったはずだ。「俺」がもたらした混乱である。

このように物語の構造は、読者に、出立の三日前の清とのやり取りがまったく成立していないのは清のせいではなく、「俺」のせいではないのか。どうも「俺」の語りは信頼できないようだという疑念を抱かせる――そのようにテクストは周到に構成されている。

そして、物語を通読する読者は、最後に今年の二月肺炎にかかって死んだことを知り、この時清が「北向きの三畳に風邪をひいて寝ていた」（傍点　鈴木）ことの真意に気づくのである（テクストは第一章であり、清が四か月後に亡くなったことには触れられていないが図3「「坊っちゃん」略年譜」を用いることで実践することができる。「北向き」という言及は当然「北枕」を連想させるために語られている。「北枕」は言うまでもなく「釈迦の涅槃にならい、死者の頭を北向きにすること」（傍点　鈴木）であり死を暗示している。読者は、彼女が約四か月後、この時の風邪が原因となって肺炎で亡くなったのだと知るに至る。*5

そして読者は、「俺」が「ずいぶんもてあました」清の言動が、すでに自らの死が近いということの自覚から来ていたのだということに気づく。読者は、「俺」がまったくこの時の清の気持ちを理解していなかったこと、それどころかはまったく清の気持ちを誤解していたことを知るのである。（**図5**「清の気持ち」下段「俺」から見た清の言葉やしぐさ）

このように物語「坊っちゃん」の構造は、読者に、一人称の「俺」の視点からは語ることができなかった清の心情を読み取るように誘《いざな》う。

清が、「俺」の来たのを見て起き直るが早いか、「坊っちゃんいつうちをお持ちなさいます」と聞いたのは、風邪で臥せっている間ずっと「自分は長くは生きられない。一刻も早く家を持たなければ、間に合わない。坊っちゃんと一緒に暮らせない」という焦りを募らせていたからである。また、そんな清の気持ちは察することのできない「俺」は「うちは持たない、田舎に行く」と言う。その時に清が「非常に失望した様子で、ごま塩のびんの乱れをしきりになでた」のは、夢を無残にも断ち切られた上に予期せぬ田舎へ行くという事実を突然突きつけられ、動揺したからである。しかも田舎も具体的な地名を挙げないので、不安がより増す。さらに「俺」が「慰めてやった」つもりで言った「来年の夏休みにはきっと帰る」という言葉に「妙な顔をしていた」のも、来年の夏まで到底生きられそうもないと直感したからである。来年の夏に坊っちゃんが帰ってきた時に、彼を迎えるべき肝心の自分の姿がそこに見えない、想像できなくて途方に暮れているからである（実際に清は翌年二月に亡くなっており、八月には存在していない）。――このように清の心情を読者は想像していく。

それにも関わらず、清はそんな坊っちゃんの誤解を解こうとしない。もう会えなくなるという切迫した思いを抱いているにもかかわらず、そうしようとしない。「もうお別れになるかもしれ」ないから、しばらく清をそばに置いてくださいとは言わない。彼女の中に坊っちゃんに心配をかけまい、彼の決心を邪魔してはいけないという思いが働いたのだろうか。おそらくはそんな思いも彼女の表情や身振りに表れていたのだろう。

このように、漱石は、一人称の語りのルールを破綻させることなく、つまり清の気持ちを直接的に描写する

図5 清の気持ち

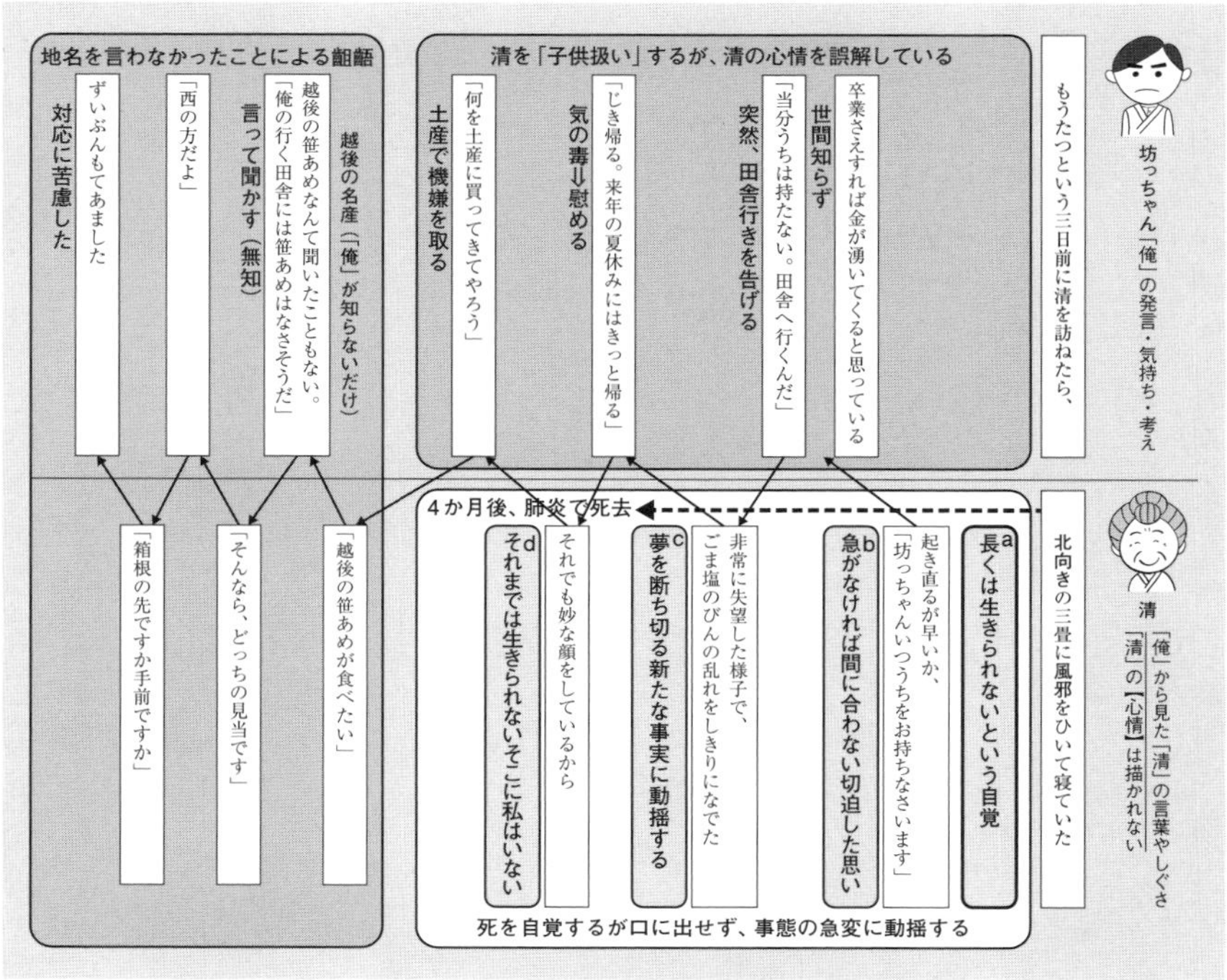

坊っちゃん「俺」の発言・気持ち・考え
もうたつという三日前に清を訪ねたら、
清を「子供扱い」するが、清の心情を誤解している
卒業さえすれば金が湧いてくると思っている
世間知らず
「当分うちは持たない。田舎へ行くんだ」
突然、田舎行きを告げる
「じき帰る。来年の夏休みにはきっと帰る」
気の毒⇒慰める
「何を土産に買ってきてやろう」
土産で機嫌を取る
地名を言わなかったことによる齟齬
越後の名産（「俺」が知らないだけ）
越後の笹あめなんて聞いたこともない。「俺の行く田舎には笹あめはなさそうだ」
言って聞かす（無知）
「西の方だよ」
ずいぶんもてあましたた
対応に苦慮した
清
「俺」から見た「清」の言葉やしぐさ
「清」の【心情】は描かれない
北向きの三畳に風邪をひいて寝ていた
4か月後、肺炎で死去
a 長くは生きられないという自覚
起き直るが早いか、「坊っちゃんいつうちをお持ちなさいます」
b 急がなければ間に合わない切迫した思い
非常に失望した様子で、ごま塩のびんの乱れをしきりになでた
c 夢を断ち切る新たな事実に動揺する
それでも妙な顔をしているから
d それまでは生きられないそこに私はいない
死を自覚するが口に出せず、事態の急変に動揺する
「越後の笹あめが食べたい」
「そんなら、どっちの見当です」
「箱根の先ですか手前ですか」

ことなく、物語への読者の主体的参加を促すという仕掛けを巧みに設けた。それを受け取った読者だけが切ない清を生きるという体験をすることができるのである。

漱石は、読者の主体的参加すなわち読者に物語の空白を描かせる仕掛けを設けたことで一人称の語りの限界を乗り越えたのである。

問に戻る。

出立の日、清は坊っちゃんに朝からいろいろ世話を焼いた時、荷物になるだけの歯磨きとようじと手拭いを小間物屋で買っている時、それをズックのかばんに入れていた時、車（人力車）を並べて停車場に着くまでの時間――その時どきに清は何を考えてきたのだろうか。

そのすべての答えが、小さな声で言った清の「もうお別れになるかもしれませ

ん。ずいぶんご機嫌よう。」に込められている。この言葉が、あまりに感傷的すぎるか否かをどう考えるかは自由である。しかしそれには清を生きるという体験の深さが大いに関係している。

問3　なぜ小説『坊っちゃん』のタイトルは「坊っちゃん」なのか（テクスト範囲外の分析となる）。

清が「俺」を「坊っちゃん」と呼んでいたから、タイトルが「坊っちゃん」となったと考えることができる。しかし、清以外にも赤シャツと野だいことが陰口で「坊っちゃん」と呼んでいるのである。

「強がるばかりで策がないから、仕様がない」
これは赤シャツだ。「あの男もべらんめえに似ていますね。あのべらんめえと来たら、勇み肌の坊っちゃんだから愛嬌がありますよ」

「呼んでいた」ということならば、「野だいこ」の「勇み肌の坊っちゃん」という陰口も同じである。両者の決定的な違いは「坊っちゃん」と呼ぶ「声」である。タイトルは、「俺」に呼びかけている清の「坊っちゃん」という肉声なのである。

様々な思い出とともに「俺」だけに向けて発せられた清の「坊っちゃん」という肉声が聞こえてくる。

清の死後一か月を経ずして語られる物語は全編十六章からなる。*5 特にテクスト（第一章）で語られる清の思い出は、寂しい少年を一途に愛する逸話に彩られる。この章は全体の一割にも満たない分量であり、そのほとんどを占めるのが四国辺の中学校で巻き起こした事件である。それでもあえて物語全編は「清」の思い出であると言いたい。確かに四国以降に清の具体的な逸話は出てこない。四国に清がいないのだから当然かもしれない。しかし坊っちゃんの口から何かにつけ清について言及される。それは清の絶対的な価値、自分にとっての清の存在意義が確認されていく経験であった。それを一言で表現すると清の愛ということができる。

坊っちゃんが四国で清に言及したのは大小あわせて十三か所ある。そのうち三つを抜き出してみる。

四国に着いた夜、さっそく清の夢を見る。笹あめの笹を「この笹はお薬でございますと言ってうまそうに食べる」。別れる際の、清の「なんだか大変小さく見えた」様子と風邪の容態が気にかかっているから、こんな夢を見るのである。

二日目に学校での挨拶を終えて出した手紙には、「もし清は心配しているだろう。難船して死にやしないかなどと思っちゃ困るから」と清を安心させるようとする意気込んだものの、実際に書いた文面は「夕べは寝られなかった。清が笹飴を笹ごと食う夢を見た。来年の夏は帰る」であり、清と別れて一人となった「俺」の不安をすでに読み取ることができる。

着任して「生徒に接せられてから二十日満たぬ頃」、宿直での「イナゴ事件」を通して自分にとっての「清」の存在の大きさを痛感させられる。「教育もない身分もない婆さんだが、人間としてはすこぶる尊い」「清は俺の事を欲がなくって、まっすぐな気性だと云って、ほめるが、ほめられるおれよりも、ほめる本人の方が立派な人間だ」。清と別れて三週間ほどで、すでに「なんだか清に逢いたくなっ」ている。「今まではあんなに世話になって別段難有りがたいとも思わなかったが、こうして、一人で遠国へ来てみると、始めてあの親切がわかる」と再認識している。

「六百円を資本《もとで》にして牛乳屋でも始めればよかった。そうすれば清もおれの傍を離れずに済むし、おれも遠くから婆さんの事を心配しずに暮される。いっしょに居るうちは、そうでもなかったが、こうして田舎へ来てみると清はやっぱり善人だ。あんな気立のいい女は日本中さがして歩いたってめったにはない。婆さん、俺の立つときに、少々風邪を引いていたが今頃はどうしてるか知らん。先だっての手紙を見たらさぞ喜んだろう。それにしても、もう返事がきそうなものだが――俺はこんな事ばかり考えて二三日暮していた」清のことを心配し、四国に来たこと、そもそも物理学校に行ったことを後悔している。清のことが脳裏を離れない。清を「やっぱり善人だ。あんな気立のいい女は日本中さがして歩いたってめったにはない」と最大級の賛辞を送るに至った。

結局、四国では赤シャツらを懲らしめ溜飲をさげたが、複雑な人間関係の中でとったこの行動は、結局は、辞表を出さざるを得なかったという意味では、大人として、社会人としては失格者であることを自ら証明したということになる。「勧善懲悪」とはほど遠い。そんな敗残者の居場所は四国になく、だからといって東京にもない。結局物語の大半を占める四国行きは、清のもとから離れ、清を客観視し、坊っちゃんに自己の限界と清の愛を認識させるために必要な少し長い旅であったのだ。だから、坊っちゃんが東京に着いて真っ先に飛び込んだのは清のもとである。

しかし、東京に戻ってからのエピソードは「清のことを話すのを忘れていた」と物語の最後にわずか六文でまるで付け足しかのようにそっけなく語り始められる。嘘がつけない坊っちゃんが物語の中でついた唯一の嘘だ。「清」のことを忘れているはずがない。なぜ嘘をつくのか。このような突き放した言い方をしなければ、おそらく感情の堰が決壊してしまうのだろう。

革鞄を提げたまま、清や帰ったよと飛び込んだら、あら坊っちゃん、よくまあ、早く帰って来て下さったと涙をぽたぽたと落とした。

清はなぜ坊っちゃんがかくも早く戻ってきたのかは問わない。ただ坊っちゃんを受け止めるだけである。

子供のときに借りた三円を返せず「今となっては十倍にして返してやりたくても返せない」と悔やむ坊っちゃんだが、わずか三か月ではあったが清が念願した水入らずの暮らしを実現したのだった。

清との三か月の生活の詳細が語られないのは、そうせずとも「清は玄関付きの家でなくっても至極満足の様子であった」に言い尽くされているからだろう。詳細を語ろうとするとこれもまた感情が制御できなくなるということもあろう。

四国で清について再認識する中で清の「声」を聞いたように、またひらがなばかりの読みにくい清の手紙を繰り返し読んで清の「声」を聞いたように、彼はこれからの人生の岐路で幾たびも清の「坊っちゃん」と呼びかける声を聞くだろう。そして、その声が街鉄の技手となった坊っちゃんの「無鉄砲」を抑えてくれることを私たちは願わずにいられない。

死ぬ前日おれを呼んで坊っちゃん後生だから清が死んだら、坊っちゃんのお寺へ埋めて下さい。お墓のなかで坊っちゃんの来るのを楽しみに待っておりますと云った。だから清の墓は小日向《こびなた》の養源寺にある。

「死んだら、坊っちゃんのお寺へ埋めて下さい。」という言葉を「だから」とまっすぐに受け止める。清がかつて「あなたはまっすぐでよいご気性だ」と言ったように。そこに余計な説明は必要としない。この「だから」があるからこそ、この物語は美しく、それゆえに日本語は美しい。

ナイーブな感情を表さない威勢の良い江戸っ子口調だが、清を語るとき感情が溢れてしまう。なぜなら、物語『坊っちゃん』は、語り手の「坊っちゃん」のただ一人理解者であって「母」であった今は亡き清に捧げたオマージュだからである。

◎注

*1　坊っちゃんの子供の時の「無鉄砲」はいわゆる「試し行動」に似ている。「子供が親・里親・教師などの保護者に対して、自分をどの程度まで受けとめてくれるのかを探るために、わざと困らせるような行動をとること。」（『デジタル大辞泉』の解説）

*2　江戸っ子口調に隠される複雑な「俺」の心理については、図4「坊っちゃん」語りの構造」で主なものを示している。本心を隠す例を一つ示しておく。物理学校の卒業について言及した次の箇所である。「三年間まあ人並に勉強はしたが別段ちのいい方でもないから、席順はいつでも下から勘定する方が便利であった。しかし不思議なもので、三年立ったらとう卒業してしまった。自分でも可笑しいと思ったが苦情を云う訳もないから大人しく卒業しておいた。」当時の物理学校は「現在の東京理科大学の前身。当時は三学年制で、二学年二学期の六学期編成。この学校は入学はやさしいかわりに、進級・卒業が極めて難しいので有名であった。卒業生は程度が高いという世評があり、大半は中学教師になった。」（四九頁『漱石全集　第二巻』一九九四年、岩波書店）ということであり、「専門学校を三年で卒業できたのは入学者の二割にも満たなかったので、〔坊っちゃん〕は、実はかなりの秀才だった。」（一八頁、石原千秋『反転する漱石』一九九七年、青土社）とある。これは小説「坊っちゃん」が書かれた当時の読者にとっては、周知のことだった。当時のことがわからない私たちは表現された言葉だけを額面どおりに受け取ってしまうが、「中学校」は、今日の高等学校にあたるが、今日の学制と照らし合わせれば、大学といった方がよい。したがって「坊っちゃん」は愛媛大学の先生として雇われたことになる。つまり「坊っちゃんは東京理科大学を3年で卒業できたわずか二割の中に入る成績を修め、それゆえ大学から国立愛媛大学の講師に推薦され、採用された。」ことになる。「俺」は本当は成績がよかったのに、自分は成績が悪かった、勉強ができなかったと言っていることになる。

*3　赴任先が決まって「俺」はその場所を調べるが、東京以外へ出た同級生との鎌倉だけで「大変な遠く」へ行かねばならぬ。地図で見ると海浜で針の先ほど小さく見える」という「大変な遠く」や「針の先ほど小さく見える」という誇張表現は明らかに不安の表れである。また「心配にはならぬ。ただ行くばかりである。」とは、そう言いながら、不安を払拭しようと自らに言い聞かせているのである。意地っ張りな坊っちゃんは清にこれが理由であるとは言わないのはこれが理由であると思ったのではないか。また、そんな姿を清に見せたら清が心配するかもしれないという思いが過ぎったのかもしれない。出立の三日前に清を子供扱いしている「俺」安になっているそんな無様な姿を見せたくなかったし、それでは沽券にかかると思ったのではないか。また、そんな姿を清に見せたら清が心配するかもしれないという思いが過ぎったのかもしれない。

の様子から考えると、どちらも十分に考えられる。

＊4 「おれ」が四国あたりへ立つ三日前に清を訪ねたら、「北向き三畳に風邪を引いて寝ていた」とあるところに、周到な死への伏線がうかがわれる。二章以下でも清のかぜの話はつづいているが、抗生物質のない時代には、かぜから肺炎になるのが多かった。（一六一頁、平岡敏夫『坊っちゃん』解説、二〇〇八年、第一〇九刷、岩波文庫）

＊5 「おれ」のこの回想は「今年の二月」と言っている以上、三月ころのものである。清の死の悲しみがまだ消えぬうちに、「おれ」は語りはじめたのである。（平岡　前提書一六二頁）

おわりに

司馬遼太郎が、自分の小説は二十二歳の自分に当てた手紙だと語っている映像を見たことがある。

彼に比肩するようで烏滸《おこ》がましいが、この小著は、過去の自分を念頭に書いた。授業が思うようにならず国語の教育書を漁った若い頃の自分に、またテクニックや話術（話芸）で授業が制御できていると勘違いしていた中堅の自分に、そしてベテランの域に入ろうとする矢先に、異動先での授業が成立しなかった自分に。本質を捉えない技術が如何に無意味なものかを痛感させられた。生徒をテクストに向かわせるという本質に立ち返ってたどり着いたのが「テクスト分析」である。だからこそ、「敷居は低く奥行きは深く」をモットーに若手から中堅、ベテランまでが満足してもらえるように丁寧に書いたつもりである。

ところで、いま国語教育の界隈がなにかと騒がしい。

二〇二一年度からは学習指導要領「主体的・対話的で深い学び」が中学校でも実施、二〇二二年度からの高校での「文学国語」と「論理国語」の選択国語が話題となり、さらには二〇一八年PISAの「読解力」の結果発表もあった。こんな時期だからこれらに触るのがスジであろうが、やめにした。「理論編」の注で触れるにとどめた。すでにこれらの課題は「文学的文章の詳細な読解に偏り」（一九九七年の教育課程審議会「教育課程の基準の改善の基本方向について（中間まとめ）」）という言葉に集約されているからである。裏を返せば、国語における「論理」の軽視ということに尽きる。この「文学」と「論理」との対立というべきものを「テクスト分析」は止揚することで解消している。「論理」を用いて、複雑に絡み合った人間の心理を読み解いているのである。「論理」を実地に学ぶという方が適切かもしれない。学習者主体の授業を志向してきた帰着である「テクスト分析」に時流が合ったのであり、その逆ではない。

この「テクスト分析」をベースに生徒の実態や指導者自らの力量にあわせてカスタマイズすればいろいろとおもしろい授業ができる。おもしろい授業とは、授業に参加している生徒はもとより、何よりも、その生徒の反応に手ごたえを感じ授業をしているということである。それができるのが「テクスト分析」だといささか自負している。しかし、この当否を決めるのは私ではない。「テクスト分析」を実践するあなたである。

中学校教師として文学的文章の読解と生徒集団づくりを自らの研究テーマと課し悪戦苦闘してきた日々の、そのうちの一つがこの小著という形へと結実した。今日に至るまでの数え切れぬ多くの方のお力と支えのお陰であり、感謝の気持ちでいっぱいである。また無事、出版に漕ぎ着けたのは、編集部からの、遅れがちの原稿への「力作です」という後押しの言葉があればこそ、お礼を申しあげる。

お世話になったお一人お一人のお名前を記して謝意を表したいが、謝意を表すべき方が多く、とても紙幅が足りない。最後に慣例にしたがって身内の名を挙げることをお許し願いたい。母 サト、亡き父 辰一に実行できずにきた親孝行の代替として。そして何よりも、家族の理解と忍耐がなければ教師を続けることもできなかった。妻 真美、息子 周一、娘 かすみに「ほんとうにありがとう」。

鈴木昌弘

著者紹介

鈴木昌弘（すずき・まさひろ）
1961 年（昭和 36）大阪市生まれ
大阪教育大学教育部国語科卒
大阪市立中学校国語科教員として在職
現在、大阪市立中学校教頭
研究テーマ
　国語教育　「テクスト分析」＝論理でつくる文学の授業
　生活指導　人間の本性に根ざした所属感・貢献感を賦活する生徒集団づくり

メロスはなぜ少女に赤面するのか
「テクスト分析」でつくる文学の授業

2020 年 4 月 10 日　第 1 刷発行

著　者　鈴木昌弘
発行者　株式会社 三省堂　代表者　北口克彦
印刷者　三省堂印刷株式会社
発行所　株式会社 三省堂
〒 101-8371　東京都千代田区神田三崎町二丁目 22 番 14 号
電話　編集 (03)3230-9411　　営業 (03)3230-9412
https://www.sanseido.co.jp/

落丁本・乱丁本はお取り替えいたします。

ISBN978-4-385-36518-3　　〈テクスト分析・160pp.〉